Du même auteur.

Chu Zhang
AAAutoédition chez Lulu.com, juillet 2012

Le petit cireur de souliers d'Alger
AAAutoédition chez Lulu.com, août 2012

Contes d'une grand-maman
AAAutoédition chez Lulu.com, novembre 2013.

Poèmes & Réflexions
AAAutoédition chez Lulu.com, octobre 2014

La blanchisseuse de Louis-Napoléon
AAAutoédition chez Lulu.com, décembre 2015

Voyage tout en contraste au Cambodge, « Pays du sourire »
AAAutoédition chez Lulu.com, novembre 2016

Un coup de pied du ciel…
AAAutoédition chez Lulu.com, août 2018

Photos fournies par L.

Roberte-Anne Bijlenga

Un coup de pied du ciel…

Une vie

Récit

ISBN 978-0-244-38282-7

Extrait d'une des 1500 lettres envoyées par tonton Albert à sa femme :

« *Jour de fête, je suis si près de toi par les pensées et il me suffit… et j'ai hâte de rentrer au bureau pour te regarder sur cette adorable photo où de plus en plus je te prends pour une star qui attire sans cesse mon regard que pour ma petite femme. Je crois que tu es belle mon trésor, si fine, adorable, à voir comme j'aimais penser…* »

Texte en relation avec la photo de la couverture du livre

Le bonheur dépend de l'attitude envers la vie et de la confiance intérieure.

Les BeauxProverbes.com
dans Cherry Blossom

Nous sous-estimons souvent le pouvoir d'un contact, d'un sourire, d'un mot gentil, d'une oreille attentive, d'un compliment sincère ou d'une moindre attention, ils ont tous le pouvoir de changer une vie.

Dans Love
Leo Buscaglia (1924 – 1998)
Conférencier américain

Préambule et avertissement

Selon ses vœux, L.[1] me demande expressément de bien préciser qu'elle a aimé ses enfants, avec leurs qualités et leurs défauts, plus que tout au monde, plus qu'elle-même. Qu'elle leur a donné le maximum de ce qu'elle pouvait donner et qu'elle s'est sacrifiée pour eux.

Son vœu le plus cher, pour réussir sa vie et partir en paix, serait que sa mort les unisse tous les trois à jamais.

Elle appréhende que ses enfants doivent aussi subir la vieillesse… mais… cela, elle le sait, ne dépend pas d'elle…

L. voudrait leur bonheur à chacun après sa mort.

L. parle avec tendresse de « L'arche de Noé » chez Andrée où quatre générations se côtoient dans l'amour…

---

[1] L. est une abréviation qui remplace à la fois les mots « Elle » et « Lucienne », le prénom de ma marraine.

Mais L. sait aussi que la vie de ses trois enfants, Luc, Andrée et Christelle a été jonché de bonheurs et de malheurs.

Si cette histoire doit donner un sens à <u>sa</u> vie, L. espère que le sens de la vie de ses trois enfants en sera aussi influencé par une meilleure compréhension du passé et du présent et une meilleure anticipation de l'avenir.

L. pense que malgré les différences entre les générations, les joies et les blessures humaines ne sont pas si différentes, même si les causes directes ont changé au cours de l'histoire.

Un coup de pied du ciel…

Une femme est l'amour, la gloire et l'espérance ;
Aux enfants qu'elle guide, à l'homme consolé
Elle élève le cœur et calme la souffrance.
Comme un esprit, des cieux sur la terre, exilé.

Extrait du poème :
« Une femme est l'amour » de
Gérard de Nerval (1843)

Introduction

94 ans ! L.[1] a 94 ans ! Et L. me demande de faire le récit de sa vie.

« Il n'y a rien que nous n'aimons autant que l'éclat de bonheur dans les yeux d'une personne avec qui nous avons sympathisé, que nous avons comprise.

───────────────

[1] L. est une abréviation qui remplace à la fois les mots « Elle » et « Lucienne », le prénom de ma marraine.

De tels instants font que la vie vaut d'être vécue » a dit Don Márquez[2].

C'est ainsi que, malgré ma réticence au départ à rédiger ce récit, je me suis laissée convaincre de l'entreprendre.

Cette réticence était engendrée par différentes raisons. Le respect intime de sa vie, la peur de mal la comprendre et le souci de protéger ses enfants.

Ce à quoi L. me répondit : « Je n'ai rien à cacher à mes enfants, ils savent tout ».

J'ai l'impression qu'en écrivant ce récit, je lui redonne un souffle de vie. Sa vie tient à un fil, mais un fil solide tant que L. se croit utile. Ma petite tante se voit morte dès qu'on l'ignore dans une conversation. Elle déplore alors la manière dont notre époque néglige la vieillesse.

Maintenant, sa vie semble s'accrocher à la réalisation de ce récit.

---

[2] Romancier, nouvelliste, journaliste. Né en Colombie (1927) et décédé au Mexique (2014). Prix Nobel de littérature (1982)

C'est pourquoi j'ai eu envie de faire comme Pénélope, l'épouse fidèle d'Ulysse, qui travaillait à défaire la nuit ce qu'elle faisait le jour durant l'attente du retour de son mari. En ne finissant jamais son ouvrage Pénélope était protégée d'un nouveau contrat de mariage tant que sa tapisserie n'était pas achevée.

Pour moi, le but est aussi de faire durer indéfiniment l'élaboration de cette biographie pour lui rallonger la vie. Ma marraine, parce qu'elle est en effet ma marraine, veut encore accomplir une mission. Cette mission consiste à transmettre le récit de sa vie à ses enfants et à sa famille.

Je pense également aux *Mille et Une nuits* quand le sultan Shahryar, en guise de représailles à la suite de l'infidélité de son épouse, la condamne à mort et qu'il décide de faire assassiner chaque matin la femme qu'il aura épousée la veille. Shéhérazade entreprend alors de lui raconter une histoire dont la suite est toujours reportée au lendemain. C'est ainsi que l'exécution de Shéhérazade est retardée de jour en jour.

Par mon récit qui chaque jour s'allongera et par l'intérêt que L. y porte, j'espère, de tout cœur, faire reculer la disparition de cet être cher.

Je veux aussi lutter contre l'oubli. Je veux m'ériger en gardienne de sa mémoire en laissant un témoignage. Je veux la voir servir de modèle, en faisant l'éloge de ses qualités, mais sans oublier, pour être honnête, la description d'inévitables défauts humains.

Je livre ma vision subjective sur ma petite tante qui ne m'a jamais déçue.

C'est une grande joie pour moi que de la voir revenir sur son passé pour en extraire les bons et les mauvais souvenirs.

A son âge, transmettre sa vie est son but.

Elle fouille fébrilement dans sa mémoire. Un détail en ressort et en fait resurgir mille autres. Ils sont mis en surface tout en désordre. L. y revient, se corrige… réordonne. Les dates et les lieux de naissance, de tout un chacun, sont des points de repères fiables. Malgré son grand âge, elle n'a rien oublié. Quand le débit se tarit un peu, le fameux : « Pose-moi des questions » revient et fait jaillir un nouvel épisode. Ainsi le fil de sa vie se déroule progressivement, par à-coups. Et moi, pendant ce temps, j'accumule ses souvenirs, je les note, je les classe, j'ajuste cette mosaïque. Nous sommes devenues des complices besogneuses.

Pour compléter sa mémoire, je rajoute à ses souvenirs, ceux évoqués devant moi et dans ma jeunesse, par son frère et sa sœur aînés.

Toute cette remémoration se fait par téléphone. Il me semble que les recoins de sa mémoire sont visités jour et nuit. Sa peur d'oublier est grande, d'où ses appels fréquents. Cette vivacité, cette activité me comble.

Ma petite marraine semble très heureuse de se raconter. Je l'écoute avec assiduité. Ceci démontre combien c'est l'intérêt que l'on porte aux autres qui nous donne la joie de vivre.

Avoir un but aide à exister.

Déjà, quelle belle leçon de vie !

Pour écrire un tel ouvrage, je me dis qu'il faut beaucoup de tendresse, d'amour, d'admiration et même de fascination.

J'ai tout cela à la fois.

La vie est très intéressante.
Certaines de tes plus
grandes douleurs deviennent
tes plus grandes forces.

« LesBeauxProverbes.com »
dans Cherry Blossom

Mais L.
Qui est-elle ?
Les années 2016-2017

Je l'ai revue au mois de septembre 2016. L. avait 93 ans !

C'est ma petite tante, ma marraine, la sœur cadette de mon père, son frère aîné.

L. était toute fluette, mais bien mise de sa personne dans son ensemble jupe bleu clair, associé à un chemisier bleu ciel, léger, moucheté de nombreuses petites taches bleu foncé. Elle était élégante. Son goût est légendaire dans la famille.

Ma petite marraine me fit le plaisir, le temps de prendre une photo, de poser debout, pour moi.

7

Je la revois souriante, digne, bien coiffée. Le coiffeur est venu à domicile, elle a les mains fines, bien soignées. Son visage est presque lisse. Ses yeux sont encore vifs, sans errance, malgré sa malvoyance, conséquence d'une dégénérescence maculaire dûe à l'âge. Ses jambes montrent encore de belles chevilles.

Sa voix est restée jeune comme celle que j'ai toujours connue. Elle ne chevrote pas comme souvent chez des personnes âgées. Son ouïe est encore bonne ou peut-être porte-t-elle un appareil ? Je ne sais. En tous les cas, si elle en a un, comme un dentier probablement, par coquetterie, elle le cache bien.

Et moi, je ne veux pas savoir…

Au rez-de-chaussée de sa maison, c'est son chez elle. L. est toute heureuse d'y vivre. Tellement heureuse qu'elle aimerait, m'a-t-elle dit, que ce lieu devienne à sa mort son caveau pour l'éternité. Les plans de la maison ont été conçus par son imagination. C'est sa fierté.

Son salon est comme une tour de contrôle.

L. y scrute chaque ombre qui s'approche de la porte-vitrée. Son siège est un fauteuil à roulettes, bien rembourré et sur lequel un plaid molletonné est déposé afin de maintenir une chaleur douillette. Sur le plateau d'un grand vaisselier, qui meuble tout un pan de mur à sa gauche, sont déposées des photos du passé. Des photos de son mari, mais aussi de ses enfants, de ses petits-enfants et de ses arrière-petits-enfants. Quelques objets souvenirs y sont entremêlés. Contre le mur d'en face, se trouve un canapé-lit qui sert de siège à ses invités. Ainsi, elle peut « faire salon » pour converser. De l'autre côté, dans l'encoignure du mur, un placard avec des étagères. Là, sont entreposés encore quelques livres souvenirs et surtout ses albums photos. Entre autres, celui de son père auquel elle tient le plus. Derrière son fauteuil se trouve la télévision. Pour la regarder, il lui suffit de tourner son fauteuil. Tout est en place. Tout est fonctionnel. Il ne faut rien déplacer, surtout pas la télécommande !

Par une porte coulissante, on pénètre dans sa chambre à coucher. Cette pièce est vaste. D'un côté, un grand lit à deux places. Nostalgique, elle ne veut pas le remplacer par un lit médicalisé car c'est le lit dans lequel son mari est mort. Sur sa table de nuit, un masque à oxygène lui garantit une meilleure respiration durant la nuit. Il lui sert à éviter les arrêts respiratoires nocturnes... En face, une grande armoire. Une grande armoire, mais où tout le superflu a été éliminé pour éviter du travail à sa fille après sa disparition. Sous la fenêtre qui donne sur le jardin, un gros appareil à air conditionné assure la fraîcheur en été. Son maniement est très bien géré. L'allumer, l'éteindre et juger de la quantité d'eau nécessaire à mettre ou à évacuer ne lui pose aucun problème. Par la fenêtre ouverte sur le jardin, les rosiers rouges et roses embaument la chambre pendant le temps de la floraison.

Par une porte à côté du canapé, on entre dans une cuisine très claire avec deux fenêtres. Tout est propre et en ordre. Sur la table une belle nappe de couleur vive, rouge, parsemée de fleurs. Dans les placards tout est placé dans un ordre immuable comme dans le frigo. Cet ordre lui sert à maintenir son indépendance. Tout est géré en fonction d'une personne malvoyante. De la cuisine, on passe dans un petit salon coquet. C'est sa belle-fille qui le lui a aménagé. Là, un bureau avec un écran grossissant lui permet de lire, lentement certes, mais elle y arrive. L'appareil dispose d'une tablette pour poser le document à déchiffrer et le texte à agrandir est projeté avec une bonne lumière. La loupe manuelle fait partie de l'arsenal nécessaire à son problème de vision déficiente. Elle manipule tous les appareils nécessaires avec une aisance exceptionnelle. La technique ne lui fait pas peur.

L. s'adapte. Tout est commode, tout est à portée de main, tout est fonctionnel. Ces aides visuelles lui procure une indépendance qu'elle aime préserver.

En passant devant la salle de bains, un couloir mène vers la véranda. C'est son jardin d'été. C'est son atelier de gymnastique où la marche et le vélo d'appartement sont à disposition. Ici, avec une baie vitrée orientée vers le sud, l'ensoleillement lui est bénéfique. Assise sur un fauteuil métallique, l'écoute de la musique la distrait. Depuis la véranda, L. « voit » son jardin. Elle arrive à distinguer si le lilas est en fleurs et elle repère son olivier... Quand elle fait appel à son jardinier, c'est pour lui signaler les travaux qu'il faut faire. Il vient chez elle depuis de nombreuses années, depuis le temps où son mari était encore avec elle. À cause de sa malvoyance, elle parcourt le jardin à son bras, afin de juger de l'état de celui-ci.

Son indépendance la rend heureuse. Le matin, des aides ménagères viennent chez elle. Se faire obéir pour que son intérieur reste accueillant n'est pas un problème. Les femmes de ménage alternent de jours en jours. Si l'une est malade, une remplaçante arrive sans tarder. Une fois, on lui envoya une personne noire, nonchalante, ce qui la mécontenta. Sa plainte se manifesta en ces termes : « Vous comprenez, je suis malvoyante alors je ne la distingue pas. C'est compliqué pour moi. ».

L. est très méthodique sur la façon de travailler. Sa préférence pour certaines personnes plus que d'autres est justifiée. Il lui faut de la gentillesse, de la compétence et du respect. L'après-midi, une gentille lectrice vient lui tenir compagnie d'une façon agréable. Les gens aiment à venir lui rendre visite. Les mots fléchés sont des passe-temps qui stimulent son intelligence. En fin d'après-midi, c'est au tour de ses enfants de venir la voir.

Le bonheur rayonne lorsqu'elle est bien entourée. Elle abhorre la solitude.

Les jours passent. Jamais une plainte. C'est toujours L. qui s'enquiert de savoir comment vous allez...

Personne ne se rappelle qu'elle souffre de malvoyance.

Tout cela se passait en août 2016. Ma petite marraine était encore bien vaillante.

Et puis, je suis retournée de nouveau lui rendre visite à la fin du mois d'août 2017.

Le tableau ne s'est pas révélé être le même. Je l'ai bien retrouvée dans son appartement confortable, mais elle n'était plus la personne dynamique, droite et souriante de l'année précédente. Elle était amaigrie, accrochée à son déambulateur. Elle avait des difficultés à marcher. Ses traits étaient tirés, sa bouche pincée comme pour retenir des douleurs. A notre arrivée, vers neuf heures, un horaire tardif pour elle, nous l'avons trouvé encore en robe de chambre, contrariée et humiliée. L'infirmière n'avait pas pu venir plus tôt. Cela la mettait dans une situation de déchéance insupportable. Il faut dire que L. aime l'ordre, la régularité, et qu'elle déteste le laisser-aller et la paresse.

Le pire, le plus cruel, c'est de perdre de plus en plus son indépendance. Ces petits « malheurs », comme renverser sa tasse au petit-déjeuner ou des difficultés pour faire ses tartines lui firent prendre conscience qu'elle devait demander plus d'aide. Très objective, L. s'en occupa elle-même.

L. avait envisagé l'entrée dans une maison de retraite pour soulager ses enfants. Mais, tous étaient conscients que cela pouvait lui être fatal.

Non ! Nous avons refusé cette idée. Ce n'était pas une solution !

Alors que j'étais en vacances à la montagne, en décembre 2017, j'ai bien cru la perdre. Et puis, grâce à sa volonté, je l'ai vue reprendre goût à la vie …

Ma petite marraine était dans un état pitoyable après sa sortie de la clinique. En avril, elle avait été hospitalisée suite à une fracture du fémur. L'accident arriva alors qu'elle était en train de se préparer pour aller au restaurant. Pour son anniversaire, sa fille et son mari avaient été conviés. L. avait mis une jupe et un beau chemisier en satin. Venue à domicile, la coiffeuse avait fait un exploit. Toute élégante et heureuse à la perspective de ce repas qui l'enchantait tant, elle voulut fermer le volet de sa chambre, fit un faux mouvement et tomba. Hospitalisée en urgence, L. fut opérée. L'opération, heureusement, se passa bien, mais les suites post-opératoires furent longues. Le milieu hospitalier était peu accueillant. L. fut traitée comme un objet que l'on déplace à sa guise… Ce séjour de presque trois mois fut une grande épreuve. Elle en était arrivée à croire qu'elle ne retournerait plus jamais dans sa maison, chez elle. L. avait perdu cinq kilos. Heureusement, elle tomba sur une bonne kinésithérapeute qui la fit marcher avec un déambulateur jusqu'au moment de sa sortie de l'hôpital. La kinésithérapeute l'encourageait admirablement. Tous les après-midis, à tour de rôle, elle était réconfortée par la visite de ses enfants. Chacun avait une gentille attention. Qui en lui apportant des gâteries, qui en lui renouvelant son linge.

L. se sentit aimée.

Envers et contre tout, surtout grâce à son entêtement et à son comportement volontaire, le jour béni et tant attendu arriva. L. retrouva sa maison.

Avec sa volonté exemplaire, l'aide d'un kinésithérapeute à domicile, d'une jeune femme pour l'assister au petit déjeuner et le voisinage réconfortant de ses enfants, le cours de la vie reprit. Son moral remonta au beau fixe, ou presque. Sa santé s'est rétablie, bien sûr pas complétement après ce coup si dur, mais maintenant elle arrive à en rire elle-même.

Un jour, elle me raconta : « Je sors des toilettes et je repère autour de moi une masse noire au sol. Très ennuyée, je me dis : Oh mon Dieu, *j'ai fait* parterre ! Quel désastre ! » Alors, elle va chercher la serpillère pour nettoyer et qu'est-ce qu'elle constate ? Que ce n'est qu'une chaussette tombée à terre. En riant, elle ajoute encore : « Je me suis bien moquée de moi ! »

Comme toujours, l'intérêt qu'elle porte à son entourage lui enlève le souci d'elle-même. Cette petite femme sait écouter les autres, les conseiller, mais elle est vexée si on ne la prend pas au sérieux, si on la rejette, si on la prend pour plus bête qu'elle n'est.

Ses expériences, dues à son grand âge, rendent service à son entourage pour autant qu'on veuille bien l'écouter. Elle fait des remarques, lance des alertes et prévient au plus vite si elle remarque un problème quelconque, surtout de santé, chez ses proches...

Une fois de plus, après l'accident et sa longue convalescence, ma petite marraine « ressuscite ». Il faut le dire tel quel : « ma petite marraine ressuscite » tant elle semble, encore cette fois-ci, revenir de loin.

Nos appels téléphoniques me tiennent au courant de son état. Tous les jours, j'entends de nouvelles anecdotes. Son vécu servira plus tard d'exemple.

Depuis toujours, je suis étonnée par sa façon énergique de se reprendre en main après un coup dur. Cette « Grande Dame » a très peu souffert de dépression dans sa vie. Un gentil mot et la voilà de nouveau qui remonte la pente. Elle n'aime pas que l'on s'apitoie sur son sort. La dérision, surtout tournée vers elle-même, constitue son arme principale pour dédramatiser toute situation grave.

Le mois de janvier est passé. Février arrive avec la promesse d'un beau soleil qui va réapparaître dans sa véranda. Comme un tournesol, elle se tourne vers ce soleil pour capter son énergie. L. sait chasser les mauvais souvenirs pour ne capter que ceux qui lui amènent la vie.

Son intérêt est tourné vers ses petits-enfants et ses arrière-petits-enfants. Vers le renouveau, vers la vie…

Sera-t-elle éternelle ?

Un grand-parent est une bibliothèque, un parent un livre et un enfant un bloc note.

de Sandra Manegre
Fondatrice et présidente de
Mango Coach

Les grands-parents et les parents.

Dans cette biographie, je dois remonter jusqu'aux grands-parents et parents de cette petite tante. L'objectif principal est d'en apprendre davantage sur leur raison de vivre et de savoir comment et pourquoi ils ont vécu et ce qu'ils ont légué comme expériences de vie à leurs descendants.

SES GRANDS-PARENTS PATERNELS

Son grand-père paternel est né en 1853. Il est mort en 1918, soit à l'âge de 65 ans. Ma petite tante ne l'a pas connu. L. se rappelle du diplôme important qu'il a

19

obtenu comme expert-comptable, chef-comptable. Il était paraît-il très reconnu. C'était un homme élégant portant une petite barbiche à la Napoléon III. Il venait d'Alsace. Pour rester Français pendant la guerre de 1870 contre les Allemands, et après un court passage à Paris où son accent allemand n'avait pas été apprécié, il était parti en Algérie.

Par contre, ma petite tante se rappelle très bien de sa grand-mère au prénom d'Elisabeth, morte en 1938 chez mon père, juste après la naissance de Charly, le fils de son frère aîné. Charly, paraît-il, avait la même tache café au lait sur la fesse droite qu'elle. Cette grand-mère lui a laissé le souvenir d'une femme très intelligente. Une des premières femmes de France à avoir obtenu le baccalauréat. Elle était toujours entourée de livres et jouait de la mandoline. Jeune, elle était toujours gaie et joyeuse, puis en vieillissant plus pensive. Son plaisir était de pratiquer l'art de la chiromancie. Elle aimait lire dans les lignes de la main pour y prédire l'avenir. Un jour, elle dit à ma petite tante, qui était une enfant à l'époque : « Viens, montre-moi ta main ». Elle la scrute un moment et lui fait part de ces paroles : « Tu seras très, très malade, mais tu t'en sortiras. ». Ce fut un présage juste et vérifié. Etonnant ! Elle vivait au temps des tables tournantes qui étaient à la mode quand Napoléon III était au pouvoir.

Au second Empire, la chiromancie ou la science de la main, était une pratique divinatoire. C'était considéré comme un don très à la mode, dans les grands salons de la capitale.

Cette pratique, qui faisait partie d'une sorte de spiritisme, se passait m'a-t-on dit, dans la demi-obscurité et favorisait en cela certaines petites amourettes. Les tables parlantes étaient encore une autre expérience amusante à laquelle elle s'intéressait. Son fils, donc le père de ma marraine, aimait aussi ces sortes de pratiques. Il aimait, comme elle-même d'ailleurs, lire dans les lignes de la main. On m'a raconté cette anecdote véridique. Lorsque tous les hommes partirent à la guerre, il leur lut les lignes de la main et en déduisit : « Ils reviendront tous ! » Une autre fois, il prit la main de la femme de son fils Roger, une jeune femme nommée Marie, et dit d'un ton grave : « Elle va tomber gravement malade et en mourra. » ce qui, malheureusement, se réalisa. Elle mourut de la tuberculose.

21

Le père de L., Charles-Robert, adorait sa mère, Elisabeth. Si bien que cette grand-mère vécut pratiquement toujours dans le proche voisinage de son fils après la mort de son mari, Robert. Elle mourut chez Charles, Lolo pour les intimes, le fils ainé de son fils, juste après la naissance de son arrière-petit-fils Charly en disant : « Je lui laisse la place. » Pour l'extrême-onction, il fallut lui trouver un prêtre qui parlait l'allemand.

Comme on a souvent rappelé dans la famille cette petite anecdote qui date du temps de ses grands-parents, L. veut que je la signale.

C'était le 14 juillet 1918, ses grands-parents, ses parents et leur fils Charles âgé de cinq ans, se trouvaient sur un balcon, au premier étage d'un immeuble à Cherchell pour suivre le défilé. Soudainement, l'enfant saisi d'un besoin pressant se soulagea au travers de la balustrade. Ce jet malheureux atterrit dans la tasse d'une personne en train de boire un thé juste en dessous.

Avant la guerre de 14-18, le grand-père de L., Vincent Garcia, possédait une grande fabrique de crin à Cherchell, en Algérie. Ses affaires étaient prospères. C'était un homme généreux et comme tel, il avait signé, avant la guerre de 1914, des reconnaissances de dettes pour des amis moins chanceux que lui. Malheureusement, avec la déclaration de guerre de 1914, il perdit tout. Il s'ensuivit qu'après la guerre, en 1918, il fut obligé de travailler comme maçon tandis que la grand-mère, Rose Garcia, et ses filles, Appolonie, Henriette, Jeanne et Rosette, durent se placer comme domestiques. Leur fils, Emile, le seul garçon de la fratrie fut le premier à se marier. Le père, Charles-Robert, et la mère, Appolonie, de L. avaient donné aux parents d'Appolonie et à ses soeurs, le logement gratuit, pendant une longue période, à Saint Eugène.

Le grand-père, borgne après un accident de travail, jovial et enthousiaste, se rendait toujours utile. Il aimait jardiner et il avait la main verte.

A la fin de leur vie, les grands-parents maternels qui ne s'entendaient plus, se séparèrent. Vincent alla vivre chez les parents de ma tante. Ce n'était pas trop grave, car ils habitaient tous, très près les uns des autres.

Vincent et Rose, les deux grands-parents sont décédés en 1938 à un mois d'intervalle. Vincent est mort un mois avant Rose. Juste avant de mourir, Rose a dit en mourant : « Vincent attends-moi, j'arrive ! » Elle prétendait voir son mari, déjà mort depuis quelques semaines, sur le balcon. Sans doute n'avait-elle pas intégré le décès de son mari.

Ma tante adorait sa grand-mère maternelle, Rose. A ce qu'elle se rappelle, c'était une petite vieille toute ratatinée, adorable qui lui donnait souvent cinq sous pour s'acheter des croissants.

Son père, Charles-Robert, est né à Besançon le 20 octobre 1890. Dans la même ville, résidaient encore, je crois, ses huit frères et sœurs, dont un était bossu.

Sa mère, Appolonie, est née à Cherchell le 9 février 1895.

Son père était d'origine alsacienne. Comme tous les gens du nord, il avait un tempérament un peu froid mais honnête et bon. Il était arrivé en Algérie à l'âge de vingt ans avec ses parents, Robert et Élisabeth. Charles-Robert était le fils aîné, tandis que son frère plus jeune se prénommait Robert-Charles. Robert-Charles s'était marié, avait divorcé et s'était remarié à une certaine Mathilde, une fervente philatéliste qui avait un magasin de timbres de collection. Ils avaient un fils, aussi appelé Robert. Ils étaient très snobs et ne fréquentaient pas la famille de son frère aîné parce qu'il avait cinq enfants, ce qui le mettait dans la catégorie du parent pauvre avec trop d'enfants.

Comme son grand-père Robert, le père de ma tante, Charles-Robert, était comptable. Ses enfants n'ont jamais connu leur père autrement que dans les paperasses. Il souffrait d'une haute myopie ce qui ne l'empêcha pas de gagner sa vie pour nourrir toute sa famille. C'était un très bon photographe. À toute occasion, il avait toujours un appareil de photo en bandoulière. Il développait lui-même ses photos, soit sur plaque de verre, soit, par la suite, sur papier.

L., sa fille cadette, se rappelle qu'il faisait sécher des épreuves sur la terrasse au soleil. Sous la terrasse, il avait un petit atelier de photographie. C'était tout un honneur quand on avait le droit de visiter ce lieu sacré. Charly, son premier petit-fils et fils de Charles (Lolo), l'aîné de ses cinq enfants est celui qui en a profité le plus.

Moi-même, sa première petite-fille, j'ai connu mon grand-père comme un homme silencieux, d'allure noble, passant presque inaperçu. Il ressemblait à un savant. Toujours pensif. Sur son bureau, il avait un joli encrier en bronze représentant un groupe de personnages et une encyclopédie universelle. En cherchant chez les antiquaires et en mémoire de ma jeunesse, j'ai pu retrouver à peu près le même encrier et, mon fils, eu droit à l'*Encyclopédie Universalis* en vingt-cinq volumes.

Le père de L. était un peu distant avec ses petits-enfants. Il ne leur parlait que très peu. Il les impressionnait et ils le respectaient. Il faisait du jardinage comme dans un laboratoire. Il faisait des greffes aux arbres en faisant venir les plus beaux spécimens de fruits de France. Chaque fraise avait un coussinet de paille. Les allées étaient bien rectilignes. On avait l'impression qu'il expérimentait plus qu'il ne cultivait. Une fois, alors que je venais rendre visite à mes grands-parents, je vis tous les meubles de leur chambre à coucher dans la cour devant la maison.

Ma grand-mère avait l'air furieuse. Dès mon arrivée, elle me dit : « Regarde ce que me fait ton grand-père, regarde ! » Et en effet, je vis tous les meubles repeints en marron. Il avait fait de la brou de noix en extrayant le pigment naturel de l'écorce des noix provenant d'un arbre du jardin. Content de lui, il avait repeint tous les meubles avec cette teinte plus chaude que bistre ! Je comprenais le chagrin de ma grand-mère tout en étant surprise, et admiratrice de l'ingéniosité de mon grand-père.

On sentait qu'Appolonie, la mère de L., avait toujours eu une « dent » contre son mari. Son drame était d'avoir subi un mariage arrangé, contre son gré.

Alors que je lui faisais remarquer que grand-père ne voyait vraiment pas bien, elle m'avait répondu : « Jette une pièce devant son passage et tu verras s'il ne la voit pas. »

La mère de L., d'origine espagnole, était très vive et affectueuse. Elle portait dans son cœur toute la chaleur de l'Espagne. Elle s'est dévouée toute sa vie à ses cinq enfants en leur procurant beaucoup d'amour.

C'est par hasard, à Cherchell, alors qu'il habitait Alger, que Charles-Robert rencontra Appolonie. C'était une belle jeune fille qui lui plut de suite ainsi qu'à ses parents. Elle était très vive, d'allure svelte, sauvage, souvent à cheval, brune aux yeux bleus.

Appolonie avait raconté à ses deux filles, Jane et Lucienne, une anecdote amusante. Son père, Vincent, l'avait envoyé en ville pour acheter de l'huile à machine. Elle galopait comme une folle en se répétant sans arrêt : « huile de machine, huile de machine », mais quand elle passa devant un panneau « ralentir » sa formule changea en « huile à… ralentir, huile à ralentir ». Le marchand se moqua bien d'elle. Cet épisode caractérise bien la mère de L., ma grand-mère.

Bref, c'était une sauvageonne, plaisante à voir. Elle plut tout de suite au père de ma tante ainsi qu'aux futurs beaux-parents. L'avantageuse situation de Charles-Robert, un bourgeois, ne déplut pas aux parents de la jeune fille, si bien que la demande en mariage fut facilement obtenue. Appolonie, elle, dût se soumettre contre sa volonté.

Ils se marièrent le 12 décembre 1912. Elle avait 17 ans et lui 22 ans.

Toute sa vie, Appolonie disait à qui voulait l'entendre : « Ce n'est pas lui (en parlant de son mari) que je voulais ». Elle en aimait un autre à la folie. Il s'appelait : « Louis Segura ».

Son beau-père, en riant, lui disait de boire du vin au lieu du lait afin de paraître ainsi, peut-être, moins paysanne. Malheureusement, c'est dans la boisson (alcoolisée), qu'elle trouva une consolation à son chagrin d'amour…

La destinée avait projeté ma grand-mère paternelle comme étant l'aînée de cinq enfants, mais, en fait, cinq enfants décédés l'avaient déjà précédée. Tous étaient morts, soit de typhoïde, soit de diphtérie.

Charles-Robert, le père de L. quitta ce monde le premier, le 23 février 1966 d'un cancer de la gorge. Son départ toucha cruellement toute la famille. Heureusement, sa mère, Appolonie, resta en vie bien plus longtemps. Elle est décédée le 28 février 1978 d'une « attaque ». Elle fut pour moi, sa petite-fille, une grand-mère exemplaire.

LES AINÉS : UN PREMIER TRIO :
CHARLES, ROGER ET JANE
LIEU DE NAISSANCE ET JEUX D'ENFANTS.

En raison des mutations des postes de travail de leur père, tous les enfants sont nés dans des lieux différents

Le frère aîné, Charles, est né à Alger le 25 septembre 1913. Son plus jeune frère, Roger, est né le 24 mai 1915, à Staouili. Jane, la grande sœur, est née le 12 octobre 1918 à Rouina.

Tout ce qui va suivre provient de souvenirs échangés entre le frère aîné et ses sœurs, Jane et L. en 1986, cela fait 32 ans. Ensemble, ils avaient évoqué leurs souvenirs de jeunesse. J'avais tout noté.

Voici ce que je peux transmettre.

A Rouina, la famille habitait près des mines de fer. Leur père travaillait comme comptable. Dans les environs, il y avait un camp de bagnards qui travaillaient, sous surveillance, sur les routes. Leur mère avait raconté qu'un prisonnier de droit commun s'était échappé et que la sirène avait retenti afin que la population puisse rentrer se mettre à l'abri chez elle. Leur maman, Appolonie, avait aussi dit qu'elle avait une petite domestique pour l'aider et pour garder les enfants et que l'épouse et la fille du directeur de la mine aimaient beaucoup cette petite famille. Elles venaient souvent leur rendre visite. Ainsi leur maman avait gardé de bons souvenirs de cet endroit.

Tata Jane naquit à Rouina. On lui avait dit qu'elle avait une petite tête toute ronde avec de rares cheveux fins et tout clairs. On lui avait donné comme premier prénom Jane, le prénom de sa marraine, la sœur de sa mère, et comme deuxième prénom, Mireille, le prénom de la fille du directeur de son père. La mère de Mireille avait demandé aux parents cette faveur. Suivirent encore les prénoms de ses deux grands-mères, Elisabeth et Rose.

Ainsi affublée de quatre prénoms on n'aurait pas pu la confondre avec une autre personne.

Toute petite, Jane était le jouet de ses deux frères.

Ils ont toujours partagé leurs jeux ensemble jusqu'à ses fiançailles à l'âge de seize ans.

Les premiers souvenirs de cette petite fille Jane remontent à ses quatre ans, lorsque sa mère l'emmena chez le photographe. On l'avait placée debout sur une chaise. Le magicien de photos s'était recouvert la tête d'un drap et lui disait qu'un petit oiseau allait sortir. Elle s'était mise alors à pleurer à gros sanglots en pensant que sa mère allait l'abandonner chez ce monsieur bien particulier. Pour l'occasion, sa mère avait bien pris soin de la toilette de Jane qui portait une jolie robe en dentelle blanche avec de belles chaussettes ainsi que des chaussures tout aussi blanches. La veille, sa mère lui avait enroulé les cheveux autour de papillotes en papier journal. Elle avait trouvé que sa mère avait de drôles d'idées de la faire dormir avec ces papiers dans les cheveux.

Le lendemain, malgré tout, elle s'était trouvée bien plus belle qu'avec ses cheveux raides comme des baguettes de tambour. Elle était mignonne, blonde avec des yeux verts, une peau de pêche et potelée. Sa mère lui avait acheté des boucles d'oreilles en or et elle portait un collier d'ambre couleur jaune pour conjurer le mauvais sort.

Par contre, si L. ne pouvait en dire plus sur Rouina, elle aurait pu, m'a-t-elle dit, écrire tout un roman sur Saint-Eugène, l'endroit où elle a vécu jusqu'en 1923 avec ses plus beaux souvenirs et avec tous ses regrets d'en être partie. Les souvenirs de Saint-Eugène étaient gravés en elle.

Voici quelques bons souvenirs avec ses deux frères et avec les tantes, Jeanne et Rose. Henriette et Emile étaient déjà des grandes personnes sur le point de se marier ou de se fiancer.

Jane allait à l'école maternelle à Saint-Eugène. Ce sont ses deux frères qui l'accompagnaient quatre fois par jour parce qu'ils rentraient pour déjeuner. Ils flânaient souvent tous les trois sur le chemin de retour, vers 16h30. Ils restaient des heures, assis sur le trottoir à regarder les grosses fourmis rouges travailler pour faire leurs provisions pour l'hiver, ou bien ils jouaient au carré arabe ou aux osselets. C'était toujours mon père qui donnait le signal de rentrer, car il était l'aîné. De retour à la maison, ils avaient toujours un bon goûter que leur mère leur avait préparé. Après leur collation, ils ressortaient jusqu'à la nuit tombante. Cette maison était plaisante avec sa grande cour en terre battue devant la porte d'entrée. A gauche, se trouvait une buanderie et un poulailler. Et au fond, une porcherie où se trouvait toujours une truie avec deux ou trois petits cochons tout roses. Jane en avait peur et ne s'en approchait pas. A droite de la cour, près d'un chemin qui descendait abruptement, deux énormes figuiers donnaient des figues grosses comme des poires. Lorsqu'on les croquait leur chair était toute rouge, juteuse et succulente comme du miel. Rien que d'y penser, disait-elle, j'en ai encore l'eau à la bouche. Quand le moment de la dégustation était passé, les deux frères et elle jouaient dans les arbres. L'un était à Charles, le deuxième à Roger. C'était leur demeure. Ils avaient désigné, selon la disposition des branches, leur chambre à coucher, leur salle à manger... Il va sans dire que la petite Jane avait délaissé le sien, tout petit et proche des cochons, pour rejoindre celui de l'un de ses frères. Ils lui accordaient alors l'hospitalité en la prenant pour leur enfant. Jane avait quatre ans.

Un autre jeu dont elle raffolait, c'était celui de faire la glissade sur ce chemin qui descendait de manière abrupte, sur une vingtaine de feuilles d'acanthe superposées pour faire une bonne couche sur laquelle ils s'asseyaient à tour de rôle en tenant les bords des feuilles. Charles et Roger la traînait en tenant les feuilles par leurs longues queues en zigzagant entre les pins jusqu'à un petit chemin. À force de jouer, le terrain était devenu tout lisse ce qui, bien sûr, accélérait la descente. Tous les trois s'entendaient à merveille. Quelques fois tata Rosette se joignait à eux, mais cela se terminait mal la plupart du temps. Charles lui tirait les tresses parce qu'elle se moquait de sa voix aigüe qui n'avait pas encore muée. Rosette était petite, maigre et, malgré ces quatorze ans, elle partait en courant se plaindre à sa mère, Rose, qui montait alors chez sa fille, Appolonie, pour se plaindre de ce que Charles, son fils, avait fait comme mal à sa tante. La maman de Charles lui répondait alors :

-   Si ta fille ne l'avait pas embêté, il ne lui aurait pas fait subir ces sévices !

Et voilà les deux mères, dont l'une était aussi la mère de l'autre, en froid pour quelques heures.

Ce que Jane aimait par-dessus tout, c'était lorsqu'ils allaient à la plage. Il n'y avait qu'un kilomètre, soit dix minutes à pied pour y aller. Eparpillés sur la plage, il y avait des rochers couverts de coquillages. L'eau était d'une transparence étonnante. Les algues répandaient un parfum des plus agréable. Leur mère emportait un goûter et ils restaient au bord de la mer durant deux ou trois heures l'après-midi.

Intrépide, Jane suivait les deux garçons comme leur ombre et elle entendait leur mère crier :

- Faites attention à votre petite sœur !

Les vagues la renversaient et la faisait rouler comme une bouteille. Elle buvait « calade » comme elle disait mais toujours après, elle se relevait et cherchait ses deux frères et repartait dans leur direction. Roger était toujours le plus délicat et le plus attentionné. Charles était protecteur mais parlait avec plus d'autorité. Dès leur plus jeune âge, on aurait pu deviner leurs caractères respectifs à l'âge adulte.

Le frère aîné avait parfois bon cœur. Il lui arrivait de vider sa tirelire pour acheter un paquet de… navets à sa mère… Pourquoi des navets ? Il était seul à avoir eu cette idée.

Une autre fois, en revenant du village, il avait vu un chien se faire écraser par un tramway. Il arriva à la maison, bouleversé :

- Oh, maman si tu savais ce que j'ai vu !
- Et qu'est-ce que tu as vu mon fils ?

- Un pauvre petit chien écrasé par le tram !
- Il est mort sur le coup au moins ?
- Oh ! non, maman, il est mort sur le ventre…

Un autre souvenir : Au début de l'automne, leur père devait monter sur la toiture pour vérifier l'état des tuiles avant les grosses pluies. C'était au nord de la maison en montant sur un petit muret et en posant une échelle qu'il pouvait accéder à la toiture. Les deux frères avaient été autorisés à le suivre et Jane suppliait de la laisser venir aussi.

- Non ! avait dit son père.

Mais cette petite fille de quatre ans et demi désobéit.

À un moment où personne ne s'occupait d'elle, Jane monta sur la toiture. Malheureusement, au-dessus du couloir, pour l'éclairer, se trouvait un vasistas aux carreaux bleus et jaunes. Jane mit les pieds dessus et passa à travers. Elle tomba juste devant sa mère qui passait par là. Cette dernière poussa un cri et se trouvait mal lorsqu'elle découvrit la joue en sang de la petite qui avait une plaie sous l'œil gauche. Jane alors se releva et consola sa maman.

- Non, maman, non, Nanette n'a pas bobo.

Bien sûr le père en entendant ces cris descendit au plus vite avec ses fils. Ils s'occupèrent de la mère et de Jane.

Un jour, comme il pleuvait à l'extérieur, ils jouaient à cache-cache dans la maison. Jane se dissimula dans un grand placard d'une chambre et... elle s'endormit profondément dans une grosse corbeille de linge à repasser. Ses frères ne la trouvant pas alertèrent alors leur mère. Ils cherchèrent partout, dehors, dedans... et Dieu sait que c'était grand ! Dehors, la végétation poussait en abondance. Ils appelaient et ne la trouvaient pas. Rien, pas de Nanette. Et pour cause Jane s'était assoupie pendant une heure quand enfin, elle avait fini par les entendre l'appeler. Jane était sortie à peine réveillée pour leur montrer le bout de son nez le plus naturellement du monde.

Quand les enfants attrapaient une maladie infantile, les autres l'attrapaient aussi. C'était pratique pour la maman qui pouvait les soigner ensemble. Ce fut le cas pour la rougeole, la rubéole, la coqueluche... Ils étaient tous ensemble dans un grand lit en métal formé de volutes, et dont les quatre coins étaient surmontés de boules en cuivre bien astiquées.

Une fois, ils attrapèrent tous en même temps une bonne grippe. Leur mère voulu leur badigeonner la poitrine avec de la teinture d'iode, comme cela se faisait à l'époque. Roger, le plus brave, se proposa pour passer le premier. Puis ce fut le tour de la petite Jane et enfin sa mère dit à Charles :

- Déshabille-toi, c'est ton tour.

Il se déshabilla, mais quand elle approcha avec sa main pour le saisir, il se sauva dehors, tout nu, en pleine nature. C'était le début de l'hiver. Il fit courir sa mère un bon moment avant de rentrer. On n'a pas su, si à cause de cette fugue, il a guéri plus tôt ou plus tard que Roger et la petite. Toujours est-il qu'il n'a pas fait de complications.

Encore un bon épisode de leurs jeux d'enfants dont toute la famille a gardé à jamais le souvenir.

Dans un petit hangar, le grand-père entreposait des gros outils, des brouettes, des charrettes des pelles etc. Et depuis un certain temps, c'était aussi le refuge d'un petit âne dont les enfants raffolaient tous les trois. Avec le grand-père, ils allaient lui apporter des carottes, puis la porte était refermée à clé. Leur grand-père leur interdisait d'y aller seuls. Comment Charles avait-il pu soustraire la clé en cachette ? Comment avait-il entraîné son frère et sa sœur ? L'histoire ne le dit pas, mais il les entraîna dans une aventure qui aurait pu leur coûter chère aux fesses si les adultes n'avaient pas pris conscience que tous les trois avaient déjà été suffisamment éprouvés par la peur.

Donc, muni de la clé, ils (tous les trois) allèrent jouer avec l'âne et le cajolèrent jusqu'au moment où Charles eut l'idée de l'amener promener dehors en l'attachant avec une grosse corde assez longue. Charles avait dix ans, Roger huit ans et demi et la petite Jane cinq ans. Tout fier de son importance, Charles fit sortir l'âne attaché, Roger et la petite suivaient sur un chemin d'à peine plus de 1,5 mètre de large. Ce chemin descendait sur une pente raide jusqu'à un ruisseau et puis, il remontait vers un autre plateau où se trouvaient d'autres habitations. Pendant quelques minutes, Charles resta maître de l'âne, mais celui-ci tout à coup voulu prendre la clé des champs. Un âne n'est pas si bête que cela. Il avait bien repéré qu'il avait affaire à des enfants ! L'âne commença à ruer et voulu fuir. Charles le retenait et les deux autres essayaient de l'aider. Mais le bourricot était plus fort que tous les trois réunis. En glissant, il les entraînait inévitablement vers le terrain accidenté. Tous les trois tiraient sur la corde mais en vain, ils perdaient du terrain. Charles, se voyant dans une mauvaise position avec le bourricot, paniqua et se mit à crier afin que sa mère l'entende :

- Maman, le bourricot de pépère va tomber dans le ravin, viens vite !
La mère ne l'entendit pas et c'est le grand-père qui travaillait dans le jardin qui vint à leur secours.

Le bourricot de pépère échappa à l'accident.

Cet épisode fut longtemps remémoré et fit ainsi le tour de la famille.

D'autres beaux souvenirs datent de ces années passées à Saint-Eugène. C'était un endroit des plus pittoresques. Par un chemin de campagne, ils pouvaient accéder à la Grande Basilique de Notre Dame d'Afrique. Devant cet édifice, depuis une esplanade, on pouvait admirer le magnifique panorama. On distinguait très bien Bab-el-Oued et la vue allait bien au-delà, sur toute la baie d'Alger. On pouvait admirer la mer bleue, calme, où se reflétait un ciel aussi bleu qu'elle. C'était un spectacle inoubliable.

L'hiver était moins réjouissant à cause de la pluie et de l'humidité.

On se souvient aussi de cette anecdote. La petite Jane était assise sur les genoux de sa mère qui lui racontait des histoires près de la grande cuisinière et les deux grands frères faisaient leurs devoirs quand Jane vit subitement un gros serpent. Son grand-père prit alors une pioche pour l'abattre, mais le serpent, malgré la battue, ne fut pas retrouvé ni dedans ni dehors…

Malheureusement, cette maison ne plaisait pas tant à leur mère. Et ceci pour plusieurs raisons. Entre autres, elle était très humide mais le passage d'événements surnaturels avait aussi induit une forme de superstition.

C'était une famille italienne qui leur avait vendu la maison. Ils avaient perdu une fille de vingt et un an, morte d'une grave maladie des poumons et on disait que le fantôme de leur fille séjournait dans la maison.

Mon grand-père avait rapporté qu'une nuit, ma grand-mère s'était mise à parler en italien, alors qu'elle ne connaissait pas cette langue. Il avait même pu raconter tout ce qu'elle avait dit...

Mais, ce qui avait encore plus impressionné leur maman, c'était lorsqu'ils passaient la soirée en bas chez les grands-parents et qu'ils entendaient à l'étage, au-dessus de chez eux, des bruits insolites. Comme si l'on traînait de grosses malles de droite à gauche. Leur père était monté voir, mais n'avait trouvé personne.

Ils en avaient conclu que la maison était hantée. Voilà une des bonnes raisons pour laquelle leurs parents avaient vendu cette maison.

En 1923, leur père accepta une place de comptable à Rivet, à 26 kilomètres au sud-est d'Alger, dans une grande propriété qui faisait la culture des orangers et des vignes et avec un salaire plus élevé.

Les enfants furent inscrits tous les trois dans une école qui n'enseignait qu'en une seule classe. Il n'y avait que douze élèves âgés de cinq à dix ans.

Les plus avancés étaient au premier rang, au second rang, ceux qui apprenaient à lire et à compter et Jane, la petite dernière, était au fond de la classe car elle ne savait rien. Jane se rappelle que la maîtresse avait grondé Roger et lui avait mis un bonnet d'âne. Alors, en pleurs, elle avait quitté l'école sur le champ pour aller raconter les malheurs de son frère à sa mère.

Voici un autre souvenir de cette époque.

Les trois enfants étaient allés chercher des pommes de pins, des pignes. Ils en avaient ramassé environ un kilo et demi qu'ils avaient déposé sur un meuble dans la salle de séjour. Après une courte absence, ils ne retrouvèrent pas leurs pignes. Très vite ils soupçonnèrent la petite domestique de les avoir volées alors qu'elle jurait sur tous les saints qu'il n'en était rien. Charles alors l'attrapa par ses nattes qui étaient longues et la traîna tout autour de la table. Elle braillait comme une damnée, mais au fur et à mesure des pignes et des pignons tombaient parterre. Elle les avait cachés dans son sarouel. Tous avaient bien ri.

A Rivet, la famille ne resta qu'une année. Peut-être à cause de l'école qui était décevante, mais peut-être aussi à cause du travail qui ne plaisait plus à leur père.

Toute la famille repartit donc à Saint-Eugène jusqu'en 1925. Ce fut une joie pour les trois premiers enfants, mais pas pour leur mère. Avec quatre enfants à charge, elle était très déprimée. Les quatre enfants la fatiguaient beaucoup malgré l'aide de sa maman et de ses sœurs qui habitaient au rez-de-chaussée. Elle tomba souvent malade. Elle était asthmatique. La maison était vraiment malsaine, surtout pour la maman et pour la petite dernière, à cause de l'humidité qui y régnait.

Par conséquent, en 1925, le père vendit cette maison.

Les parents l'avaient achetée en 1919, en rentrant de Rouina, sur les coteaux de Saint-Eugène. Elle était située à 5 kilomètres au nord-ouest d'Alger,

Au rez-de-chaussée, la maison se composait de deux pièces avec cuisine. Là, habitaient les grands-parents maternels. Au premier étage, composé de 4 pièces avec cuisine, habitaient les deux parents avec leurs quatre enfants. Rappelons que les grands-parents avaient eux aussi quatre enfants : Emile, Henriette, Jeanne et Rose, qui étaient bien plus âgés. Leurs deux aînés étaient sur le point de quitter le foyer parental. Tous étaient logés gratuitement.

L'Arrivée des deux derniers enfants.
Lucienne et Jean

- Lucienne (L.) est née le 8 octobre 1923 à Saint-Eugène.
- Jean est né à Alger en décembre 1928. Il est décédé le 2 septembre 1981 à l'âge de 52 ans à Clermont-Ferrand.

Alors que le père, avec ses trois premiers enfants, était parti le 1e octobre à Rivet, en avance, pour prendre ses fonctions de comptable, la maman, enceinte était restée à Saint-Eugène pour attendre la naissance de son quatrième enfant.

La mère était arrivée vers la fin octobre à Rivet. La petite sœur, L., née le 8 octobre 1923 devint l'attraction de la famille. En attendant leur mère à l'arrêt de bus, les trois enfants furent profondément marqués de la voir descendre avec un bébé bien enveloppé dans les bras. La première réaction de Roger fut :

- Vite, fais-nous voir le bébé !

Leur mère se pencha vers eux et leur dit :

- Voici votre petite sœur.

Et, Roger de dire :

- Oh, elle est toute noire et elle n'est pas belle !

En effet, elle avait beaucoup de cheveux noirs et la peau très rose.

Après la naissance de ce quatrième enfant, ma grand-mère eut droit à une petite domestique de treize ans pour les soins du ménage.

Ils ne restèrent à Rivet qu'une année et retournèrent, au grand bonheur des enfants, à Saint-Eugène. Ils y vécurent jusqu'en 1925 date à laquelle toute la famille déménagea à Alger.

C'est une belle chose qu'un souvenir, c'est presque un désir qu'on regrette.

Dans « Pensées »
de Gustave Flaubert (1915)

Souvenirs d'enfance de L., la petite fille

Je ne pense pas que L. puisse se rappeler de quoique ce soit de Saint-Eugène si ce n'est tout ce qu'on lui a raconté. Mais elle peut nous parler de ses premiers souvenirs d'Alger.

Au début, ils habitaient au 33 rue Aubert. L'appartement était très petit. Les deux frères aînés devaient aller dormir chez la grand-mère paternelle, Elisabeth, qui habitait tout près. C'est à Alger, en fait, que ses petites amies étaient ses compagnes de jeu.

Sa mère lui disait souvent : « Va avec ta grande sœur », mais la différence d'âge (cinq ans) faisait que L. n'y trouvait pas sa place.

En effet, Jane lui reprochait sa présence en chantonnant alors dans la rue : « Elle est toujours derrière… »[3] tout en voulant se débarrasser de L., sa petite sœur.

Un jour, à trois ou quatre ans, L. surprit son père en train de menacer sa mère (peut-être à cause de l'emprise de la boisson). Sous le choc, L. se mordit méchamment la joue droite. Sur la plaie, se développa un abcès qui perfora sa joue en laissant une grosse cicatrice.

Son père, sur les conseils de sa mère, Elisabeth, avait acheté un magasin de vins afin que sa femme, pensait-il, en traitant le mal par le mal, se dégoûte du vin à force d'être au milieu de boissons alcoolisées.

Malheureusement, ce ne fut pas le cas.

À force d'être toujours enceinte, ma grand-mère était déprimée et très fatiguée. En plus elle avait fait beaucoup de fausses couches, provoquées ou non, je ne peux le dire. Mais je sais qu'enceinte du cinquième enfant, ma grand-mère voulut avorter. Elle prit de la

---

[3] Chanson écrite par Louis Bousquet (1870 – 1941), composé par Henri Mailfait et chanté par Henri Salvador.

quinine. Mais au lieu d'avorter, elle dut être hospitalisée à l'hôpital de Mustapha. Jean naquit avec une jaunisse. Par la suite il eut toujours des problèmes de santé surtout du côté du foie. L'accouchement s'était passé dans le magasin de vins. L. se rappelle qu'elle avait dû attendre de l'autre côté d'un rideau pendant la naissance de son frère. Ne comprenant pas ce qui se passait de l'autre côté, elle jetait des noyaux de dattes pour essayer de repousser cet écran en tissu. Bien sûr, cela ne servait à rien. L. n'avait que cinq ans.

Les parents déménagèrent à la rue de Mulhouse. L'appartement était plus grand. Les deux frères aînés purent regagner le foyer familial. L. avait maintenant sept ans. Son père travaillait pour la SAEF (Société Algérienne d'Eclairage de France). Elle se rappelle que le directeur avait fait huit filles pour essayer d'avoir un garçon. Mais sans succès, il avait préféré s'arrêter là.

Charles, le frère aîné alors âgé de dix-sept ans, fut envoyé à Besançon chez son oncle pour apprendre le métier de tailleur. Toute jeune, L. se rappelle que son frère avait été très malheureux de quitter sa mère qu'il aimait beaucoup ainsi que sa famille. Il jouait du violon et l'abandon du violon l'avait aussi traumatisé. Le départ fut un véritable déchirement pour lui et ceci d'autant plus que l'oncle n'était pas des plus chaleureux. Il lui donnait des coups de pieds dans le derrière, paraît-il. Heureusement que la tante, sa femme, était très douce.

L. se rappelle encore qu'elle tomba malade dans le logement de la rue de Mulhouse. Elle avait souvent des bronchites. L. fut alors chagrinée de ne pas pouvoir aller à l'école et sa mère la consola en lui donnant prématurément une poupée prévue pour Noël. Dès lors, elle cessa de croire au Père Noël. Ce fut sa première grande désillusion.

Pendant qu'ils habitaient à la rue de Mulhouse, son père commença à construire une maison sur un terrain qui appartenait aux PTT.

Ils y déménagèrent vers 1930. Cette maison était construite sur un domaine appelé : « Le foyer des PTT ». Après la construction de la maison, il fut créé tout autour un petit village pour les employés de la Poste. Comme chef-comptable de la Poste, mon grand-père eut le droit d'attribuer le nom de la rue devant sa maison. Il la baptisa : rue Franche-Comté. Ils habitaient au n° 6. Derrière sa maison se trouvait la rue Barbus. L. se rappelle, et moi aussi, du cordonnier, Monsieur Vella. Un certain Monsieur Cenac habitait plus loin avec sa femme et la sœur de sa femme. C'était des musulmans qui avaient été éduqués dans un pensionnat religieux catholique. On les appelait « des tournées ». L. se rappelle encore du nom de deux autres voisins mitoyens de la villa de mon grand-père : Monsieur Charlemagne et Monsieur Boris.

La villa avait un étage et était agrémentée d'une belle et grande terrasse qui donnait sur un jardin bien entretenu. Sous la terrasse mon grand-père avait installé son atelier de photographie. Au printemps les arbres fruitiers embaumaient la terrasse, lieu de rassemblement de toute la famille. Dans le jardin, des pruniers, des cerisiers, des figuiers, des pêchers et un noyer nous enchantaient avec leurs fruits de saison.

En été, quand la chaleur était à son paroxysme, L. se rappelle que sa mère arrosait le carrelage de la terrasse pour y dormir au frais la nuit. Au fond du jardin, le long du mur du voisin, courrait sous forme d'une longue plate-bande, des arums, que j'ai toujours vus, avec leurs inflorescences entourées de beaux cornets blancs. Tonton Roger, son frère, les appelait « des lavabos » … Au centre, le jardin se divisait en carrés avec, ici et là, des légumes, des fraisiers dont chaque fraise reposait sur un coussinet de paille. Ces carrés formaient de mignonnes petites allées bien ordonnées. Le père de ma grand-mère avait participé à l'entretien de ce jardin. Son mari, lui, plantait les arbres. À L., on avait attribué un petit bout de terrain où elle pouvait cultiver quelques fleurs. A côté, plus loin, se trouvait une cuve à purin…

Pour accéder à l'appartement du premier étage, il fallait monter des marches qui aboutissaient à un palier devant la porte d'entrée. C'est sur ce palier que leur mère leur donnait des olives à casser avec une brique avant de les mettre en conserve. L. se rappelle que Charly, dans son youpala, avait dégringolé les escaliers du haut en bas. Ma grand-mère qui avait cru au pire s'était écriée : « Mon dieu, je savais qu'il allait y avoir un malheur aujourd'hui car j'ai vu passer un corbeau ce matin. »

La porte d'entrée débouchait sur un long couloir avec à gauche les toilettes, puis la cuisine et le bureau du père. Le bureau n'était en fait qu'une planche en suspension dans une pièce où se trouvait un canapé. C'était aussi la chambre des deux filles. Tous les après-midi, L. et sa mère se retrouvaient dans cette pièce pour coudre. L. adorait être avec sa mère et aimait quand celle-ci lui chantait des chansons de son époque ou lui racontait des souvenirs d'antan. Cette petite fille adorait ces moments privilégiés. Sa mère et L. étaient heureuses de ces moments uniques. Alors que L. était plutôt calme, sa sœur, Jane, était plutôt volubile et remuante. Lorsque Jane déboulait dans la pièce, sa mère s'exclamait : « Voilà le volcan qui arrive ! ».

En continuant dans le couloir, on trouvait à l'autre bout une chambre avec un immense placard. C'est dans cette pièce que L., jeune fille, vécut sa grave maladie dont nous parlerons bientôt. A droite, on entrait dans la salle à manger qui donnait sur la belle terrasse. Depuis la terrasse, on pouvait directement cueillir les fruits sur les arbres pour les manger. Comme dans un jardin d'Eden. Partout, s'éparpillaient des pots de géraniums. Sa mère les aimait beaucoup et, si parfois, elle en jetait sur le fumier, parce qu'ils étaient soi-disant morts, L. était toute surprise de s'apercevoir qu'ils renaissaient.

Dans le coin de la maison, en face de la buanderie, à l'extérieur, haut placée, on avait creusé une niche où ma grand-mère avait déposé une vierge pour protéger sa famille. Cette vierge, camouflée sous une couche de ciment, était invisible, mais bien présente … Je pense qu'elle y est encore pour protéger… les Arabes qui se sont accaparés de leur maison après la guerre d'Algérie.

Le rez-de-chaussée n'était pas encore fini quand ils sont rentrés dans cette maison. Les deux grands frères avaient installé des barres fixes pour faire de la gymnastique. L., se mêlait à eux et essayait de les imiter. Sinon, elle s'était appropriée un autre endroit où elle pouvait jouer au docteur ou à la marchande avec ses petites amies. Comme marchande L. s'était confectionnée une balance Roberval avec des couvercles de boites de cirages. Avec ses petites copines, elles vendaient toutes sortes de choses insignifiantes qui étaient baptisées soit carotte, soit pommes de terre… ainsi que des fleurs « volées » qui dépassaient du grillage de chez la voisine et pour lesquelles elle s'était fait gronder. Cette petite fille se revoit encore jouer à l'école et bien sûr L. était toujours la maîtresse. D'ailleurs, il faut le dire, les vacances étaient pour L. une véritable punition. Enfant, L. était très studieuse. Elle rêvait de devenir « Docteur » ou d'épouser un capitaine. L. se rappelle que chez tata Rosette, elle avait rencontré le frère de son mari, un dénommée Georges Bay. L. n'avait que quatorze ans, mais elle en tomba amoureuse. Il était beau et sportif. Moniteur de ski à Chréa, entre autres.

Ce dernier, lui demanda une fois :

- Qui aimerais-tu épouser ? »

Elle répondit vivement :

- Un capitaine !
- Alors, il faudra donc que je devienne capitaine ?
- Oh, même si vous deveniez capitaine cela ne voudrait pas dire que je voudrais de vous comme mari.

Cette jeune fille avait dit cela par vanité et elle se punissait toute seule d'avoir dit une telle bêtise, car elle l'aimait...

L. aimait l'école, elle adorait apprendre, mais elle avait aussi un très bon contact avec les filles de sa classe. Ses meilleures amies étaient surtout des enfants qui avaient des problèmes. Comme ces deux sœurs, Juliette et Lucienne, dont le frère Claude souffrait d'hydrocéphalie. Ou l'autre copine qui avait perdu sa mère. Ensemble, elles adoraient écouter des chansons anciennes sur le tourne-disque des parents de ses amies.

L. pouvait être une amie fidèle, si fidèle que pour ne pas abandonner une bonne copine qui devait redoubler, elle s'obligea à redoubler elle-même, alors qu'elle avait parfaitement réussi son année. Ses parents ne s'en étaient même pas rendu compte. Après elle avait obtenu son certificat d'étude. Mais cette façon d'agir lui fit perdre deux années de scolarité.

Au sous-sol, la buanderie contenait en son centre une grosse lessiveuse juchée sur une grille et sous laquelle on faisait un feu de bois. Le jour de lessive était un jour fastidieux. L. revoit sa mère plonger une baguette dans la lessiveuse remplie d'eau bouillante, sous une buée aveuglante et étouffante, pour tourner le linge. L. se rappelle encore d'autres lourdes tâches ménagères. Régulièrement, il fallait découdre les matelas pour aérer le crin et ensuite la toile était recousue avec de grosses aiguilles courbe à matelas. Tout cela se faisait sur la terrasse, sous un magnifique ciel bleu.

En face de la buanderie, son père avait entreposé une baignoire romaine en marbre extrêmement lourde, d'environ cinq cent cinquante kilos, soit plus d'une demie tonne. Il avait fallu la déplacer en roulant sur des rondins de bois. Elle était belle. Au début, il n'y avait pas d'eau courante et il avait fallu la remplir avec des sceaux d'eau. Plus tard, on avait installé l'eau courante.

Par la suite, le sous-sol fut transformé en appartement.

L. et ses petites amies allaient souvent s'amuser dans une carrière de calcaire située tout au bout de leur rue. C'était très rocailleux et dangereux. L'endroit leur était interdit, mais elles y allaient tout de même…

Jeune fille, on rencontrait L. dans la rue, presque toujours avec des enfants dans les bras. C'était soit avec Charly de quinze ans plus jeune, soit avec Willy mon cousin, ou avec moi, sa filleule alors que nous avions dix-huit ans d'écart.

A quatorze ans, à l'école, elle aimait la gymnastique et le sport. Quand L. devait faire une course à pied, elle s'y donnait à fond, car elle voulait être la première. Mal lui en a pris, lorsqu'un jour L. tomba en courant et se fit une blessure importante au genou. Les conséquences de cet accident changèrent son destin.

Quand tout va bien on peut
compter sur les autres,
Quand tout va mal on ne
peut compter que sur sa
famille.

Proverbe chinois

PROBLÈMES DE SANTÉ

Depuis sa naissance, L. avait toujours souffert de bronchites chroniques. C'était un problème majeur, dont on pouvait mourir à l'époque. Mais le jour où elle tomba dans la cour de récréation de l'école, justement lors d'une course à pied, et qu'elle s'égratigna le genou, les problèmes de santé devinrent bien plus graves.

Le 11 février 1939, sa sœur Jane se maria avec Frédéric. Trois jours plus tard, le 14 février 1939, L., écolière, fit une grave chute. Elle eut une plaie au genou droit et bien que la désinfection eût été faite dans les meilleures conditions à l'école, puis encore par son père à son retour à la maison, elle développa une très forte fièvre et des raideurs de nuque. L. perdit connaissance et tomba dans le coma. Tout cela se passa en seulement trois jours !

L. resta pendant trente-cinq jours dans le coma, et à son réveil, elle avait maigri de huit kilos !

Avec une ponction lombaire, on avait diagnostiqué une méningite cérébrospinale à Staphylocoque doré.

Tonton Roger, son frère, la veilla jour et nuit pendant plus d'un mois. Tata Yvonne, la sœur de ma mère, était aussi présente, ainsi que la tante Serda, (la sœur de tonton Frédéric). Tous les trois se relayaient à tour de rôle. Mon père, son frère aîné, s'enfuyait dans la forêt en menaçant de se suicider si « L. » devait mourir… Ses parents se cachaient au loin pour ne pas l'entendre crier de douleur lorsqu'on lui faisait les ponctions lombaires. À l'instant où L. faillit succomber, tonton Roger lui pratiqua instinctivement la respiration artificielle. Tous reconnurent qu'il la sauva…

On répéta les ponctions lombaires pour suivre l'évolution de la maladie et c'est à la septième ponction que les médecins déclarèrent qu'elle était sauvée. Le liquide céphalo-rachidien était redevenu clair.

Dans son malheur, le fait d'avoir été prise en charge par les assurances de l'école lui a peut-être sauvé la vie. Tous les soins, très chers, avaient pu lui être promulgués jusqu'à essayer sur cette patiente un nouveau médicament : « la Pénicilline » sous le nom m'a-t-elle dit de « Dagenan » ? On ne la nourrissait que de jus d'oranges. L. fut *la première au monde* à être sauvée d'une telle maladie. Et ma marraine fut *inscrite dans les registres de la Faculté de Médecine d'Alger*. Ce fut un miracle ! ...Le ciel n'avait pas voulu d'elle. Trois autres fillettes déclarèrent une méningite semblable, mais toutes les trois moururent ! Seule, L., qui avait bénéficié du nouveau traitement dans sa phase d'essai survécut.

De cette période et de son coma, L. ne se rappelle de rien si ce n'est d'avoir vu une maison, un château.

Par la suite L. m'a beaucoup et souvent parlé de cette maison, de ce château...

Elle me raconta que cette maison entrevue pendant son coma a bel et bien existé et qu'elle l'avait retrouvée bien plus tard dans le Lot, à Peyrac ! Pour elle, c'était là, le miracle ! Un miracle non résolu ! C'était la preuve, sa preuve, de l'existence de plusieurs vies. Il ne fait aucun doute pour L., qu'elle avait vu ce « Château » dans une vie antérieure ! Sinon, comment expliquer cette maison de Maître qu'elle a appelée « le Château de Peyrac » et qu'elle avait vue pendant son coma. Elle n'avait jamais mis les pieds dans cette région…

Sauvée L. l'était, mais par la suite, elle développa une « grosseur » dans la colonne vertébrale. L. fut alors mise dans une coque de plâtre de la tête jusqu'aux fesses pendant neuf mois, avec seulement la possibilité de se lever pour aller aux toilettes et manger. Après neuf mois, du 14 février 1939 à la mi-novembre, elle garda pendant longtemps des douleurs de dos et elle eut des problèmes de croissance.

L. n'avait que seize ans.

En 1936, trois ans avant l'accident, L. ne sait pas pourquoi, ses parents partirent avec elle, seule, à Besançon. Les premiers congés payés venaient d'apparaître et tonton Roger y faisait son service militaire. Probablement que tata Jane était restée sur place pour garder le petit frère, Jean. L. avait été toute heureuse de prendre le bateau pour la traversée de la Méditerranée.

Ils avaient séjourné chez l'oncle de Besançon. De lui, elle ne garda pas de bons souvenirs. Cette anecdote qu'elle a vécue peut l'expliquer. Il l'avait envoyée ramasser des framboises et au moment de les servir à table il lui dit :

- Toi, tu as dû en manger assez pendant que tu les cueillais, donc tu n'en auras pas !

Cette réflexion l'avait profondément touchée car, justement, par honnêteté, elle n'en avait pas mangé une seule !

Mais la tante qui était une Allemande, lui avait semblé douce et dotée d'une grande gentillesse.

Elle se rappelle très bien avoir vu, alors qu'elle était une jeune fille de seize ans, l'immense tapisserie d'Aubusson accrochée au mur, dans le salon, alors que moi, plus tard, je la vis dans la montée de l'escalier. Cela prouve que cette tapisserie, qui a une histoire[4], a bien existé.

---

[4] Histoire décrite dans « La blanchisseuse de Louis-Napoléon » Edition Lulu.com (décembre 2015).

En 1943, à vingt ans, alors qu'elle était encore alitée et en convalescence, sa belle-sœur, Marie, la première femme de tonton Roger, accoucha d'une petite fille, Lydie, toute minuscule. L. se rappelle qu'on aurait pu l'installer dans une boîte à chaussures en guise de berceau. Lydie mourut à l'âge de cinq jours.

En 1941, l'année de ma naissance, Willy, mon cousin naquit à trois mois d'intervalle. L. avait dû montrer son fils Willy à sa mère Marie à travers une vitre. De plus en plus malade, Marie se sentait mourir et L., se rappelle avoir entendu qu'elle disait à son mari : « Ne me laisse pas mourir, retiens-moi. »

Marie est décédée d'une tuberculose au mois de mars en 1943

Ainsi, ma petite tante eut de quoi s'occuper avec ses deux neveux, Charly et Willy, et sa filleule.

L. nous a gardé et chouchouté comme une chienne garde ses chiots. Tous les trois, Charly, Willy et moi-même nous l'avons aimée comme une mère durant toute notre vie. L. me tricotait des petites robes, cousait et me surveillait lorsque l'on me mettait à côté d'elle, parterre, sur une couverture. J'étais sage, m'a-t-elle dit. Je suçais souvent deux doigts de ma main.

On la rencontrait toujours dans le village avec un enfant dans les bras. Malgré ce dévouement, elle restait frustrée de ne pouvoir s'instruire et demandait toujours des livres.

Quand L. était plâtrée, elle eut la grande surprise d'avoir la visite de « son amoureux », le beau Georges. Il lui avait apporté un petit appareil de radio et des réglisses. Elle se sentait si fière qu'il soit venu, mais en même temps très malheureuse de se voir si décharnée devant lui. Juste avant de tomber malade, quand elle fréquentait l'école Dujonchet, Georges était venu la chercher. Pour la rendre jalouse, pendant sa maladie, une fille lui avait dit que durant le week-end, elle avait skié avec Georges à Chréa. Cela attristait L..

L. se rappelle qu'en 1942, les Américains étaient arrivés en Algérie. Alors que tonton Roger se trouvait dans une classe avec des garçons américains, un jeune Américain, qui avait trop bu, avait tiré sur le directeur et Roger avait reçu une balle dans la cuisse. L. se souvient très bien quand l'infirmier américain « Oscar Munch » venait lui prodiguer les soins à la maison. Il avait un béguin pour L. Il plaisantait en lui disant :

« Quand Boum, Boum, fini, Oscar revient ». Il paraît que tonton Roger a toujours gardé cette balle dans sa cuisse.

Pendant sa convalescence, en 1943 ses parents l'envoyèrent un temps à Cherchell, chez Jeanne la sœur de sa mère. Cette convalescence avait ressemblé à des vacances. L. se baignait car la plage était toute proche de chez tata Jeanne. L. s'était fait des amis, comme le maître-nageur qui s'appelait Michel Hortz. Cette amitié ne s'était pas transformée en amourette bien qu'il habitât juste à côté de chez elle…

En revanche, elle n'aimait pas beaucoup tonton Alphonse, le mari de tata Jeanne de Cherchell. Il avait, dit-elle, des penchants trop insistants pour les femmes. Il était vantard et menteur… Il lui faisait détourner la tête devant les statues grecques nues dispersées dans Cherchell… Il chassait le sanglier… Un mauvais souvenir parmi d'autres si agréables…

Pendant ces vacances, L. s'était vue renaître.

Son frère Roger, vint la chercher avec Marie et leur petit garçon Willy.

Ils se promenaient gentiment quand le petit frère d'une jeune fille tomba dans la rue. Marie l'aida à se relever et le consola. Après des remerciements appropriés, sans plus, ils s'étaient séparés. La coïncidence fit que cette jeune fille devint, après le décès de Marie, tata Maguitte, la deuxième femme de tonton Roger. Comme les hasards sont curieux !

De retour à Alger, les jours passèrent. L. se rétablissait. Elle était souvent avec sa mère, une mère joyeuse, chanteuse et hyperactive. L. aimait beaucoup sa mère.

Les grands-parents paternels et leur fils

Le 14 juillet 1918
« Le soulagement depuis le balcon »

Les grands-parents maternels

La maison à Saint-Eugène

Les parents

Les parents et leurs enfants

La maison des PTT

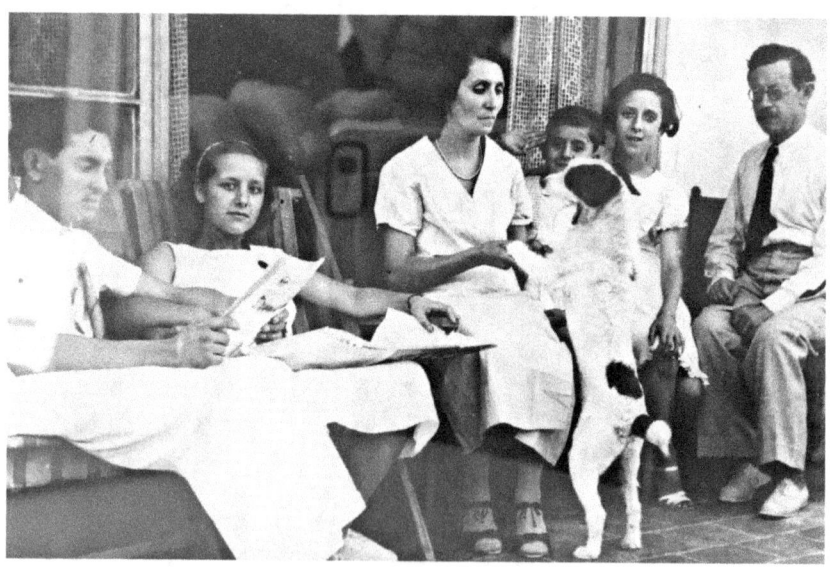

En famille sur la terrasse

Le mariage

Heureux en Allemagne

La ferme à Anan

Rue Jean Criq

Le jour du baptême d'Andrée (rue Jean Criq)

L. avec ses trois enfants

Ses trois enfants

L.

La maison à Castanet-Tolosan

Ma chère filleule et nièce,

Je tenais à te dédier un hommage pour la biographie de ma vie relatée avec autant de soin, de patience, de courage surtout avec les difficultés qui consistaient en dialogues téléphoniques.

Je joins aussi à Rudolph tous mes remerciements pour sa participation et son soutien.

Je t'adresse toute ma gratitude ainsi que celle de mes enfants pour le témoignage affectif dont tu as fait preuve à mon égard.

Hommage à l'auteur pour cette biographie
(Texte dicté par L. à une aide-soignante)

2018

L. a voulu planter ce palmier pour conjurer le sort et
se projeter dans le futur.

Chaque rencontre représente un risque, l'enjeu est de le surmonter.

Dans « L'amitié » de
Francesco Alberoni (1995)

Tonton Albert entre dans sa vie.

En 1943, L. avait vingt ans.

Par une belle journée ensoleillée, L., se trouvait devant la fenêtre ouverte de la cuisine pendant que sa mère vaquait à ses occupations. Curieuse comme les jeunes filles de son âge, L. aperçut deux jeunes militaires qui entraient chez la voisine d'en face.

La population accueillait des militaires qui faisaient la guerre en Algérie et qui ne pouvaient pas rentrer chez eux à cause de la ligne de démarcation en France occupée. Ils avaient l'air d'être des paysans. Ils étaient habillés en uniformes de « zouaves ». Cet uniforme qui est adapté aux pays chauds. Oui, avait-elle dit, ils ressemblaient « à des paysans », Ils avaient une large ceinture de toile jaune autour de la taille et des guêtres en bandes molletières. L. s'était retournée et avait dit à sa mère :

- Eh bien, ce n'est pas un de ces deux-là que j'épouserai, ils ne sont pas beaux ! »

Sa mère avait alors dit à mon grand-père :

- Nous pourrions aussi prendre un militaire chez nous, tu ne penses pas ?

Mais, son père avait pensé qu'il n'était pas question de prendre un jeune homme sous leur toit quand il y avait une jeune fille à la maison.

Par contre, il avait dit :

- Nous pourrions inviter à manger ces deux jeunes gens qui viennent d'arriver chez la voisine.

Ce qui fut fait. Ces « deux jeunes gens » en tenue militaire américaine, étaient bien mieux habillés, beaucoup plus chic.

À table, L. essayait de regarder la médaille d'identification de soldat qu'ils portaient au poignet. Mais, malgré tous ses efforts, c'était impossible. L'ambiance fut bonne.

En rentrant, l'un des deux avait dit à l'autre :

- Elle n'est pas mal cette jeune fille, je vais la courtiser… et la demander ensuite en mariage.

C'est alors que son futur mari répondit à son copain :

- Inutile, je l'ai déjà fait !

Ce n'était pas vrai. Mais tonton Albert était un homme plus débrouillard et vif que son copain.

Par la suite, pour approcher la jeune fille, il amadoua le petit Willy, le neveu de deux ans, qu'elle gardait.

Il la courtisa pendant longtemps. Elle refusait de le fréquenter. Il ne lui plaisait pas. Finalement, elle s'inclina et il put faire sa demanda en mariage.

Cette demande en mariage fit le désespoir de Louis Gavairon, âgé de seize ans, un copain de Jean, le petit frère de L.. Louis était fou amoureux de L. Même, le père de L. l'avait remarqué. Ce jeune homme ne la quittait pas des yeux. L., qui avait vingt ans, le trouvait bien trop jeune. Il ne l'oublia jamais. Plus tard, en France, pendant une invitation à un repas de famille, alors qu'ils étaient tous les deux déjà mariés, il ne put s'empêcher de la regarder avec passion…

Le père de L. ne formula aucune objection à la demande en mariage, mais il prit la précaution de lui parler de sa grave maladie et il fit promettre à son futur mari de la ménager, parce qu'elle était de nature fragile.

Plus tard, tonton Albert lui dira, après son mariage, lorsqu'ils étaient en Allemagne, et qu'elle n'avait pas pu tomber immédiatement enceinte, que son père l'avait prévenu qu'elle ne pourrait peut-être pas avoir d'enfants. La voyant très attristée, il avait tout de suite rectifié et dit :

- Mais non, ce n'est qu'une blague !

Le mariage est une vie dans la vie.

La physiologie du mariage
d'Honoré de Balzac (1829)

« LES MARIAGES » ET LE VOYAGE DE NOCE

Le mariage devait avoir lieu à la fin de 1944.

Tout était prêt. Les alliances, les cartons d'invitation, et sa robe de mariée. Une robe de mariée d'occasion, à cause de la pénurie qui résultait des restrictions et du rationnement en temps de guerre.

Le mauvais sort voulut que la veille du mariage, tonton Albert reçut un ordre de marche pour Oran, en Afrique du Nord.

Le mariage dû être annulé.

Pendant une année et demie, ils entretinrent une correspondance régulière. Albert était arrivé à Oran en attendant un ordre de marche pour l'Allemagne. C'était long d'attendre. Aussi Albert avait-il demandé à L. de lui rendre visite. La visite se réalisa. Le trajet n'en finissait plus. Sa mère accompagna L. et elles restèrent toutes les deux huit jours à Oran.

L. se rappelle qu'elle entendait partout une chanson à la mode. C'est le refrain » des années 30 de « Bésame mucho [5] qui rythma cette escapade.

Comme Albert était trop pressant, L. faillit se fâcher. Elle estimait qu'il lui manquait de respect. En fait, il voulait aller un peu trop loin, comme… lui caresser les cuisses et ce, même devant sa mère…

Si, à l'aller, L. était très heureuse et chantait tout le temps, au retour, elle fut prise d'une tristesse mortelle au point de vouloir mourir. Pendant tout le trajet du retour, L. se tenait penchée par la fenêtre du train avec l'intention d'attraper froid et de tomber gravement malade ! L. contracta alors une grave congestion pulmonaire. Et reçut son deuxième coup de pied du ciel…

Ce ne fut qu'un an et demi après la première robe de mariée qu'elle put enfin se marier !

Ce rêve se réalisa le 5 janvier 1946.

---

[5] « Embrasse-moi beaucoup » Chanson de variété écrite et composée par le pianiste Consuelo Velazquez. Un tube du XXe siècle.

L. avait vingt-deux ans.

Sa deuxième robe de mariée fut faite sur mesure par tata Rosette.

L. n'a jamais compris pourquoi, son frère aîné, qui habitait tout près de l'église Sainte-Anne, n'était pas venu assister à son mariage… Peut être par jalousie ? On sait qu'il aimait beaucoup sa sœur. De toute façon, ce fut un mariage très rapide. Sa tante Rosette leur prêta son appartement pour la nuit de noce, pendant qu'elle allait dormir chez sa sœur tata Henriette, aussi une sœur de ma grand-mère.

Le soir des noces fut vécu comme une tragédie. L. était complétement naïve. Albert était tellement expérimenté ! Toute la nuit, il la sollicita. L. ne put fermer l'œil une minute. Le lendemain matin, elle lui dit : « Si j'avais su que c'était ça le mariage, je ne me serais jamais mariée »

Heureusement, m'a-t-elle dit, par la suite, il s'était assagi…

Après le mariage, ils partirent en « voyage de noce » en Corrèze, à Pompadour, dans la famille de son mari.

Elle y rencontra bien des surprises.

L. découvrit où son mari était né et comment il avait vécu.

Ils furent reçus dans la maison familiale. Une vieille maison avec une pièce et une cuisine, sans lumière, sans eau courante, de trois cent ans d'âge ! Ils logèrent tous dans la même pièce, le père, la mère et les trois enfants, Camille, Maurice et Henri, la sœur et ses deux frères. À cinq entassés dans la même pièce du fond, les jeunes mariés eurent droit à la cuisine. Il fallait aller chercher l'eau au puits. Ils s'éclairaient avec une lampe à pétrole.

En tant que jeune mariée, sans dire un mot, elle avait tout vu et compris qu'elle était entrée dans une famille paysanne fort pauvre.

Je lui ai demandé si elle en avait parlé à ses parents. Ce fut un non catégorique ! L. avait tout gardé pour elle-même et l'avait assimilé en secret. Jeune mariée, L. avait confiance en son mari pour l'avenir.

Ils ne sont pas restés bien longtemps à Pompadour. Juste le temps de faire connaissance. Albert leur avait dit qu'elle était « pied noir ». Alors, l'un de ses frères avait regardé son pied droit et avait dit :

- Mais non, elle n'a pas le pied noir.

Et Albert lui avait répondu :

- Non, mais c'est l'autre pied qui est noir.

Le repas se faisait dans un immense chaudron pendu dans une grande cheminée auprès de laquelle on s'asseyait de part et d'autre. Quand la mère faisait du pain dans un grand pétrin (dont Luc, son fils, a hérité pour en faire un bar), sa belle-mère faisait en même temps des gâteaux. C'était devenu une habitude.

Son tout nouveau mari contracta une appendicite. Il dut être opéré à Tarbes. A sa sortie de l'hôpital, il retourna chez ses parents et de là, il dut rejoindre son régiment en Allemagne, à Ravensburg. Après sa convalescence, il devait y remplir sa mission d'occupant dans cette Allemagne qui avait perdu la guerre.

Dans l'attente de son passeport pour rejoindre son mari en Allemagne, L. s'était rendue chez l'oncle de Besançon. De nouveau, elle n'avait pas apprécié cet oncle. En effet, en se levant, tous les matins, il la réveillait en claironnant : « Départ, à telle date, pour l'Indochine ! » en insinuant ainsi que tonton Albert serait bientôt appelé pour partir en Indochine.

L. avait été très choquée. Mais L. n'en avait jamais parlé à ses parents.

MISSION EN ALLEMAGNE, A RAVENSBURG, PENDANT L'OCCUPATION FRANÇAISE

D'emblée, L. m'annonça cette période comme ayant été la plus heureuse de sa vie.

Au tout début, ils habitaient dans un petit immeuble, chez une sage-femme. Quand elle tomba en enceinte, ils furent déplacés dans une petite villa. Les propriétaires venaient voir leur maison occupée, ils tournaient autour, regardaient dans la cuisine. Eux vivaient dans leurs meubles. Tout cela la chagrinait et la mettait mal à l'aise. Cependant, elle se disait aussi que c'était l'occupation, que c'était comme ça et que, somme tout, c'était normal

Ce furent les meilleures années de sa vie. Ils avaient de bons amis, allaient au cinéma ensemble. En rentrant, ils jouaient à se lancer des boules de neige. Les magasins n'étaient que pour les Français. Tous les gens autour d'eux, ainsi que les militaires, étaient français. Un général français, le général Sevez vint dans un magasin pour y rencontrer la population locale. Ce fut un événement ! Et elle s'en rappelle bien encore aujourd'hui.

S'ils avaient voulu, ils auraient eu le droit de voyager partout : en Autriche, en Allemagne, ou à Strasbourg… Ils auraient pu apprendre l'allemand, mais ils ne firent rien de tout cela. Leur bonheur de jeunes mariés les comblait largement si bien qu'ils ne voulaient rien de plus que vivre leur vie de jeunes amoureux. Ils vécurent repliés sur eux-mêmes et entourés d'amis.

Luc, leur fils, naquit le 10 juin 1947 dans un hôpital militaire français. Mais, à peine sortie, L. dut être ré-hospitalisée pour une colique néphrétique.

Ils vécurent consciemment leur petite vie de famille. Quand leur fils eut quatorze mois la mission en Allemagne se termina et ils rentrèrent en France. Trop vite après, tonton fut appelé pour faire la guerre en Indochine. Avant de partir, il accompagna sa femme à Anan, en Haute Garonne, chez ses parents.

En novembre 1948, il partit pour l'Indochine. L. se rappelle l'avoir accompagné à Marseille avec son petit garçon à qui il avait dit : « Ce sera toi maintenant l'homme à la maison, tu protégeras ta maman, c'est promis ? ». Ils l'avaient vu embarquer sur un immense paquebot nommé « Le Pasteur ». Albert embarquait pour son premier séjour en Indochine. Pour Hanoï et Cao Bang.

Comme L. savait d'avance que son mari ne pourrait pas rester sans femme, elle lui avait fait promettre de rester au moins six mois fidèle pour lui prouver son amour.

L. ne pense pas qu'il ait réalisé son vœu.

Ce fut un triste et douloureux moment. Il partait pour la guerre !

Au départ, des copains de son mari lui confiaient de l'argent pour qu'elle l'envoie à leur famille. L. remplissait cette mission de bon cœur.

L. se retrouva seule avec son petit bonhomme et elle développa une relation très fusionnelle avec lui.

Tous les soirs, L. écrivait à son mari. Ce qui était touchant, c'était le tableau qu'offrait Luc, son petit garçon, qui dormait à ses pieds sur une couverture pour veiller sur sa maman. Au bout d'un moment, elle lui disait : « Va te coucher, va, tout va bien ».

De toute façon, tous les exils sont illusoires, paraît-il. L'éloignement ne règle rien, et on ne finit jamais très loin du point d'où on était parti.

Dans « Se résoudre aux adieux »
de Philippe Besson (2008)

Exil d'une grande partie de la famille algéroise en France

Il m'est impossible de dire pourquoi mes grands-parents avec tonton Roger, le frère de L., et sa famille, tonton Fréderic, son beau-frère, et sa famille sont partis pour la France, en 1946-1947.

Ils sont partis comme des aventuriers, comme des idéalistes. Ils avaient en tête de tenter l'expérience de la campagne avec une ferme et de devenir des paysans, des cultivateurs.

Heureusement, mon grand-père ne vendit que le premier étage de sa maison en Algérie pour acheter une ferme avec vingt hectares de terrain en France, à Anan en Haute Garonne. Ensemble, tonton Fréderic et tonton Roger achetèrent une ferme à Mont-Luc. Plus tard, chacun eut sa propre ferme. Tonton Roger partit chez les « Denax », des voisins qui étaient devenus des amis.

La vie était dure dans ces fermes. Il n'y avait pas d'électricité, pas d'eau. Il fallait aller chercher le précieux liquide dans un petit lac, soit avec un tonneau placé sur une charrette tirée par des bœufs, soit en descendant à pied un long chemin boueux, en portant une lourde bassine remplie à ras bord. Souvent, cette tâche était effectuée par Jane et par L.

Nous étions allés leur rendre visite avec mes parents. Je me rappelle ma grand-mère qui, d'un geste auguste de semeur, jetait aux poussins les graines contenues dans son tablier remonté en forme de bourse. Elle les appelait avec succès : « Petits, petits... » c'était un beau tableau à mes yeux de petite fille.

Aucun d'entre eux, si ce n'est, un peu, ma grand-mère, n'était habitué à cette vie à la campagne. Ils n'avaient aucune notion d'agriculture ni d'élevage et n'étaient pas du tout préparés à cette rude vie paysanne, encore bien plus redoutable en hiver. Mon grand-père était un intellectuel, sans aucune force physique. Tonton Jean, le seul homme jeune qui aurait pu aider, dut partir faire son service militaire. Ce fut un échec. Tonton Roger perdit sa petite fille Renée à cause de la typhoïde ou en raison d'une incompatibilité du facteur Rhésus, selon les dires de mon père. Ils avaient déjà deux enfants, Willy et Hélène. Devant l'impossibilité à gérer ce nouveau métier de paysan, tonton Fréderic et son beau-père retournèrent en Algérie. Il garda cependant sa fermette et en profita bien pendant sa retraite.

Indochine

Après le départ de son mari pour faire la guerre en Indochine, L. vécut un moment chez ses parents, à Anan. Seule avec son petit bonhomme, elle n'eut pas la vie facile. L. n'y resta que quelques mois. Les restrictions alimentaires causées par la pauvreté rendaient l'ambiance morose. L'eau non potable était un souci pour la santé du petit Luc et pour elle-même. Sa mère, qui adorait son dernier fils, Jean, mettait tout ce qu'il y avait de meilleur de côté pour lui, pour lorsqu'il revenait en permission. Elle réservait la nourriture avariée, comme les haricots tout piqués de bestioles, pour L. et son petit enfant. De plus, sa mère continuait … à boire.

Ne pouvant plus supporter cette situation, L. trouva, sur les conseils de sa sœur Jane, un petit appartement à l'Isle-en-Dodon. De là, elle sillonna les endroits conseillés par son mari pour acheter une maison. Dans les environs, le choix devait se porter sur Brive, Toulouse, ou Tarbes. D'Indochine, son mari lui envoyait chaque mois de l'argent pour réaliser cet achat. L. se rappelle qu'à Tarbes, elle avait essayé d'avoir des renseignements sur une ancienne maitresse de son mari qui l'avait contactée juste la veille de son mariage en lui disant qu'elle ne pouvait pas l'épouser, car elle attendait un enfant de lui. L. avait appris que cette femme avait effectivement été enceinte, mais qu'il était impossible de dire de qui, car trop d'hommes sortaient de chez elle. De plus le bébé avait succombé.

En 1950, après de sérieuses recherches, son choix se porta sur une villa mitoyenne située dans la rue Jean Criq, à Toulouse. Cette jeune femme de vingt-huit ans paya trois mille francs. Puis, chaque mois, elle versait en acompte ce que son mari lui envoyait. Elle avait acheté cette maison à une chanteuse d'opéra.

Tout de suite, L. commença à la restaurer avec tonton Fréderic, son beau-frère maçon, et puis, elle continua toute seule avec des artisans du quartier. Cette courageuse jeune femme mit plus d'une année pour rénover complétement la maison.

C'était devenue une maison coquette, agrémentée à l'extérieur de briques rouges réparties autour des ouvertures. Devant la façade de l'entrée, une grille, bordant le trottoir, offrait une bonne protection. La porte d'entrée donnait sur un couloir qui conduisait à un petit jardin. À droite de la porte d'entrée, la salle à manger devint ma chambre pendant que j'étais chez eux pour attendre la naissance d'Andrée, ma filleule. À gauche, une pièce fut occupée pendant un moment par une petite vieille. Cette pièce fut récupérée plus tard pour devenir une lingerie. Une grande cuisine était attenante à la salle à manger. Plus loin, se situait la chambre à coucher. Les toilettes étaient au fond du jardin. Elles fonctionnaient avec une fosse septique. Je me rappellerai toujours que mon espiègle de petit cousin m'y avait enfermée.

Les tapisseries étaient coquettes et l'ameublement choisi avec goût. L. pouvait être fière du résultat. Les voisins, un couple, Monsieur et Madame Ferrier, avaient perdu leur enfant unique à l'âge de douze ans et cela faisait douze ans qu'ils vivaient dans le chagrin de la solitude. Ils vivaient dans le culte de cette enfant décédée. Leurs idées influencèrent beaucoup ma petite tante sur la question du sens de la vie et de la mort et sur ce qu'il advient de nous « après la mort ». Nous en reparlerons. Chez eux, tout était resté tel quel depuis la mort de leur enfant. Les volets, donnant sur la route, n'étaient jamais ouverts.

En l'absence de son mari, le couple Ferrier était devenu comme des parents pour L. Ils s'occupaient beaucoup de son fils Luc. Après la naissance des deux autres enfants, ils aimèrent les trois enfants comme leurs petits-enfants. Ils les gardaient quand L. avait besoin d'aller en ville.

C'est avec tristesse, que L. se rappelle, qu'elle et son mari partirent comme des voleurs, sans même leur dire au revoir. Tonton Albert s'était fâché avec eux pour une raison « X ». Maintenant, L. a encore des remords de leur avoir infligé ce chagrin. Ce couple avait déjà tant souffert à cause du décès de leur fille. Ils l'avaient tant aidée quand L. était seule et ils avaient tant aimé ses enfants. Mais voilà, à l'époque, en tant que femme, elle se devait de prendre parti pour son mari… Aujourd'hui, elle le regrette encore.

1950. RETOUR DU PREMIER SÉJOUR EN INDOCHINE. NAISSANCE D'ANDRÉE

En 1950, quand son père revint de Hanoi en Indochine, après deux ans et demi d'absence, son fils Luc avait quatre ans.

À son retour, tonton Albert avait rejoint sa petite famille dans cette villa toulousaine de la rue Jean Criq. Anxieuse, L. avait de l'appréhension et se demandait comment son mari allait trouver cette maison. Serait-elle à son goût ?

Mais à son retour, la vie ne reprit pas son cours normalement. On dépista chez L. une maladie de Basedow. Le médecin lui prescrivit un traitement onéreux avec des rayons X et des rayons ultra-violets sur la gorge. Ce traitement était à la limite de l'honnêteté. Il s'ensuivit une importante gingivite entraînant la perte de ses dents. Tonton Albert, se doutant d'un abus, intervint pour tout arrêter.

À peine sortie du problème de la thyroïde, voilà qu'en 1951, à vingt-neuf ans, L. dut encore être opérée d'une appendicite. Et pour comble, elle fut opérée, sans savoir qu'elle était enceinte d'Andrée !

Au retour d'Indochine de son mari, L. tomba successivement malade, comme pour dire : « Je n'en peux plus. ». L. s'était maintenue en bonne santé jusqu'à son retour, parce qu'elle se sentait entièrement responsable de son petit garçon. Dès le retour de son époux, tous les soucis accumulés se transformèrent en maladies. Trop fatiguée, après son opération de l'appendicite, L. n'avait plus eu envie de se réveiller. Trop malheureuse à cause de ses problèmes de couple elle voulait mourir. La religieuse lui dit :

- Madame Ch... Réveillez-vous, réveillez-vous !
- Non, laissez-moi mourir !
- Pour votre fils Luc, réveillez-vous !
- Ah oui, pour mon fils Luc, oui, il faut que je vive !

Ce fut alors comme si elle sortait la tête la première d'un mur de briques.

Ce fut un troisième coup de pied du ciel...

Et voilà, elle était repartie pour lutter.

Tonton, qui aurait voulu sa femme à lui tout seul, n'acceptait pas son petit garçon.

Parfois, il avait envie de le battre... alors, ma tante avait suggéré que son petit Luc lui dise : « Arrête, papa, tu vois la petite médaille que j'ai autour du cou, c'est le petit Jésus. Il ne te dira pas grand-chose mais, le grand Jésus qui est sur la table de chevet de maman alors, de lui tu peux avoir peur. Il te voit et te punira si tu me bats. » Ému, son père arrêtait net de le menacer.

En entrant dans cette jolie villa, il était encore en service militaire et Andrée fut conçue dès son retour. Elle est née en 1952. Le père fut tout heureux d'avoir une fille.

Je me rappelle très bien de cette période. Andrée est née le 9 septembre 1952. Je passai trois mois au milieu de cette petite famille. Je me rappelle que le bébé tardait à venir et que je craignais de manquer sa naissance à cause de ma rentrée des classes à Alger. Je devins sa marraine. Je me rappelle très bien de cette naissance. Nous étions, Luc et moi, chez Monsieur et Madame Ferrier. Nous étions en faction debout devant une pendule pour attendre le moment de la venue au monde du bébé. Andrée est arrivée à neuf heures du matin ! Tous les deux, nous étions très excités.

Je me rappelle aussi que, lorsque j'étais chez eux, j'entendais bien souvent des disques avec des chansons du Vietnam. L. laissait parler son mari de son amie vietnamienne. Il se confiait à elle. J'entendais aussi mon oncle qui chantait toute la journée : « Ma tonki-ki, ma tonkinoise... » Ma petite tante, attristée par le chagrin d'amour de son mari, le traitait pratiquement comme si c'était son fils. Elle le consolait. Elle était douce avec lui. Moi, qui avait douze ans, je trouvais que ma tante avait un cœur bien généreux.

Six mois après son retour d'Indochine, il voulait déjà repartir là-bas !

- Si tu repars, je divorce ! L'avait-elle menacé.

Il était resté, mais il continuait à lui parler de sa Vietnamienne...

Albert expliquait que quand il lui écrivait, son amie vietnamienne s'éloignait par discrétion, le laissant seul devant sa page. C'était une femme très gentille, qui avait un petit garçon de quatorze ans. Elle était veuve d'un colonel. Elle s'appelait Phi... Albert lui parlait, paraît-il, souvent de sa femme et de son petit garçon. Elle l'écoutait attentivement. Elle était très réservée et avait beaucoup de savoir-vivre. Elle avait même voulu lui donner, pour L., un collier de valeur, mais il l'avait refusé. Heureusement, m'a dit ma petite tante, heureusement, je ne l'aurais jamais porté.

Quand il avait quitté le Vietnam, il lui avait promis qu'il reviendrait la voir. Mais cette initiative n'avait pas pu se réaliser. Au deuxième voyage, il avait séjourné à Saigon. C'était trop loin pour tenir sa promesse.

Tonton Albert vécut une triste et belle histoire d'amour qu'il put partager, chose étrange, avec sa propre femme. Il lui avait tout raconté et elle l'avait consolé.

Pendant leur séparation, quand il était en Indochine, ils avaient eu le temps d'échanger à eux deux environ trois mille lettres !

À son âge maintenant avancé, sa fille Christelle les lui relit. C'est un bon moyen de remonter dans le temps.

1954. Deuxième départ pour l'Indochine
L., en Algérie

En novembre 1954, il dut repartir faire la guerre en Indochine. Cette fois-ci, il fut cantonné à Saigon (depuis 1975 : Hô-Chi-Minh-Ville). Avant de partir, emporté dans un fougueux élan amoureux à Pompadour, il avait entrainé sa femme dans un taillis. C'était en juillet, il avait consciemment rendu sa femme enceinte, pour garantir, qu'elle lui reste fidèle. Christelle, son troisième enfant, est née à Alger le 17 avril 1955. Ma mère, sage-femme, l'a mise au monde. Plus tard, sa mère avait dit à Christelle : « Tu es une enfant de la nature ! »

Ses parents, son frère Roger et sa sœur Jane étaient tous revenus en Algérie. Son père et sa mère avaient récupéré le rez-de-chaussée de leur maison. Un deuxième appartement avait été créé et c'est ici, chez ses parents, que L. vécut avec ses trois enfants, à partir d'avril 1957. L. était retournée en Algérie, car elle était une fois de plus tombée malade. L. avait contracté une double broncho-pneumonie. Ma mère, avec un médecin, l'avait bien soignée. Elle avait encore failli mourir. Encore un quatrième coup de pied du ciel…

Quand Christelle eut un mois, L. retourna habiter dans la rue Jean Criq pour y attendre avec ses trois enfants, le retour de son mari.

L'attente fut longue. Le deuxième séjour en Indochine, si loin de la France, dura dix-huit mois.

JUIN 1956. DEUXIÈME RETOUR EN INDOCHINE.
SÉJOUR À TOULOUSE, RUE JEAN CRIQ

L. était revenue vivre à la rue Jean Criq avec ses trois enfants. Son mari était revenu par avion, à Paris. Il avait demandé qu'elle vienne le chercher, seule, sans les enfants. Albert avait maigri de vingt kilos. En fait, c'était un rapatrié sanitaire. Par l'intermédiaire de son frère, il avait fait acheter une voiture avant son arrivée. Sur la route du retour vers Toulouse, ils s'étaient arrêtés tous les deux chez ses parents à Pompadour. Il était encore militaire et en arrêt de travail pour convalescence.

En Indochine, il avait réfléchi à son avenir et à comment se reconvertir après l'armée. Son idée était de faire de l'élevage de poulets en batterie. Du coup, ils ne restèrent pas longtemps à la villa de la rue Jean-Criq et ils se mirent à la recherche d'une villa avec un grand terrain.

Pendant leur prospection, en passant devant une maison avec des escaliers, ma tante s'était écriée :

- Là, c'est celle-ci que je veux ! Cette maison !

- Encore faut-il savoir si cette maison est à vendre, lui avait-il répondu.

Et, elle l'était ! Et, ils l'achetèrent. C'était à Castanet-Tolosan, à 10 kilomètres au sud-est de Toulouse. Christelle, la petite dernière, avait deux ans. C'était en 1958. Andrée avait six ans et Luc, l'aîné, avait onze ans.

Albert était encore militaire quand, avec un copain, il commença à construire un immense hangar.

Ce n'était sûrement pas le bon moment mais, L. tomba encore une fois enceinte. C'était trop ! Alors, elle provoqua toute seule, à l'aide d'une aiguille à tricoter, une fausse couche. L. fit une grosse hémorragie. Un médecin dut pratiquer un curetage sur la table de la cuisine ! Ce fut une chance qu'elle n'ait pas eu une infection qui l'aurait certainement emportée. Ah, m'a-t-elle dit, j'ai fait l'imbécile ! Si j'étais morte cela aurait été un drame. Je laissais trois orphelins !

Encore un nouveau coup de pied du ciel...

Fin de la carrière militaire

EXPLOITATION D'ÉLEVAGE DE POULETS.

La carrière militaire de tonton prenait fin. Il commençait...l'exploitation de l'élevage des poussins. Le bâtiment était déjà construit. Ils avaient commandé les poussins qu'ils plaçaient sur des copeaux ou de la sciure de bois. Comme il leur fallait beaucoup de chaleur pour les poussins, ils avaient installé une couveuse artificielle. Euphoriques, ils s'étaient allongés sur les copeaux et parlaient, riaient et rêvaient de leur nouvelle aventure avec enthousiasme.

Un mois et demi après, un deuxième bâtiment fut construit. Ils commandèrent, deux à trois cents poussins. Ils les nourrissaient avec des céréales et du maïs préalablement passées à la « mouleuse ». C'était une machine pour moudre le blé. Avec cette machine L. se coupa aux doigts et dut consulter un médecin pour se faire recoudre.

Quand les poussins grandissaient, ils étaient mis en batterie. Sous ces cages, ils glissaient des tôles que l'on devait retirer pour enlever les excréments. L. se rappelle que ça piaillait beaucoup.

Pour tuer les poulets il ne fallait pas être sensible. Lou (pseudonyme affectueux qu'Albert utilisait pour sa femme dans les moments privilégiés) les plaçait dans un appareil, une sorte d'entonnoir, la tête en bas et il fallait couper la tête du poulet sous sa langue. C'était cruel ! Les filles, Andrée et Christelle, aidaient à attraper les poulets. Comme les poulets se débattaient fréquemment, elles étaient souvent piquées.

L. faisait ces actes horribles parce que son mari lui demandait de le faire. Et L. obéissait !

Ensuite, il fallait encore les plumer. Pour cela, L. les plongeait dans de l'eau très chaude et les passait sur « la plumeuse ». L. se rappelle que son neveu, Charly, l'avait remplacée toute une journée. Après quoi, ce n'était pas fini. Il fallait encore vider les poulets, sortir tous les abats, et enfin les plier. L. était devenue experte en la matière ! Pour terminer, il fallait les ranger dans des cageots pour la vente.

Son mari partait faire la livraison soit dans des casernes, soit dans des cliniques ou des lycées. Il avait créé un bon réseau de distribution et de vente.

L. se rappelle qu'au tout début, ils avaient dû faire une livraison de deux cents poulets. Comme ils n'avaient pas encore la plumeuse, ils avaient dû travailler toute la nuit ! Les voisins étaient venus les aider.

L. ne comptait pas ses heures de travail dans une journée. Cela pouvait être des journées de seize heures, sept jours sur sept. Les journées commençaient dès six heures le matin. L. gavait les oies. L. cultivait le jardin potager. Ils ne mangeaient que ce qu'ils produisaient. Ils cultivaient deux grands champs de maïs. Tout cela, sans vacances, sans week-end de libre. L. avait à s'occuper de ses trois enfants et en plus, L. devait souvent recevoir la famille de son mari ou tata Rosette et son fils Claude.

Il y avait beaucoup de travail, mais dans cette aventure commune, ils s'aimaient beaucoup. Albert l'appelait « Mon Lou » et il l'embrassait souvent au passage.

Cette activité dura environ deux ans. Éreintés par le travail et, parce qu'il y avait la guerre en Algérie et aussi, parce que L. s'ennuyait trop de sa famille, ils arrêtèrent l'élevage de poulets.

En effet, durant ces dernières années, c'est avec nostalgie, que L. avait repensé aux dimanches chez ses parents, quand ils allaient tous à la plage avec des paniers remplis de bonnes choses qu'ils dégustaient ensemble sur le sable doré et chaud... L. était contente de bientôt les revoir. Ce fut en 1959. Une fois de plus, L. développa une grave congestion pulmonaire qui faillit l'emporter !

Un nouveau coup de pied du ciel... la retint sur terre.

FIN DE L'EXPLOITATION DE POULETS.
RETOUR EN ALGÉRIE

Tonton Albert partit à Alger avec sa fille Andrée pour y trouver du travail. L. resta à Castanet-Tolosan avec son père qui était venu pour sa fille et ses deux autres enfants, Luc et Christelle. Ils finirent de vendre les derniers poulets, puis, à leur tour, ils partirent aussi à Alger. Le mari de L. avait trouvé un travail de comptable. Luc avait été mis en pension à Bellevue en France et le week-end, il allait chez mémé qui était restée habiter au premier étage à Castanet-Tolosan. Au bout de quelques mois, Luc en eut assez d'être loin de sa famille et il rejoignit ses parents à Alger pour y rester quelques mois, jusqu'en juin 1964 lorsqu'ils quittèrent définitivement l'Algérie. Luc fut scolarisé au Lycée Gauthier, là où mes frères avaient aussi fait leur scolarité.

A Alger, ils habitaient rue Aubert chez une voisine de tata Henriette. Ils y restèrent deux ans après l'Indépendance. Puis tonton Albert fut muté à Paris.

À partir de 1962, mes grands-parents, ne retournèrent plus en Algérie. Ils restèrent à Castanet-Tolosan jusqu'à ce que leur fils Jean fût muté à Clermont-Ferrand où ils l'ont suivi.

Tonton Albert et sa petite famille avaient pris l'habitude de revenir à Castanet-Tolosan pour y passer les étés.

Après l'indépendance de l'Algérie en 1962, ils eurent beaucoup de difficultés à accepter de vivre sous le drapeau arabe.

En 1964, ils accueillirent à Castanet-Tolosan cinq familles exilées d'Alger : ses parents, son frère Jean, ses tantes Henriette et Rosette avec leurs enfants respectifs... et une famille étrangère qui s'appelait la famille Perral et qui logea dans l'ancienne poussinière vidée des cages.

Avant son départ définitif d'Alger, ma petite tante était allée rendre visite à un Arabe qui avait « loué la maison de son père » pour 20 francs par mois avant son départ pour la métropole. Comme il n'avait plus payé la location depuis quelques temps, L. était allée le relancer. Sur place, L. se fit méchamment rabrouer avec ces paroles : « Tu n'as plus rien à faire ici, plus rien n'est à vous, pars, sinon, je vais chercher le fusil... » et il menaça de la tuer ! L. s'en alla bien vite, furieuse, en arrachant des géraniums au travers du grillage...

Rentrés en France, en juin 1964, ils habitèrent à Paris chez des amis, M. et Madame Bidot. Ils gardèrent leur petite fille, nommée Marie-Paule, lors d'un moment crucial. L. avait connu les parents Bidot lorsqu'elle et son mari avaient gardé la clinique de mes parents. Madame Bidot eut des jumelles dont une fut hospitalisée, tandis que l'autre mourut. Pour nourrir la jumelle restante, il fallait tirer le lait de la mère et tonton Albert apportait le lait maternel à l'hôpital Mustapha. M. Bidot était pilote de ligne. Un coureur de jupons ! Madame Bidot en était d'autant plus malheureuse.

En 1964, le père de L. tomba malade. Tous les mois, L. allait à Clermont Ferrand pour lui rendre visite. Ce fut une période très difficile.

Andrée fit sa communion solennelle aux Invalides à Paris.

Puis, ils déménagèrent dans la rue Villa Deshaye dans le 14e arrondissement. Les deux parents travaillaient au Ministère des Eaux et Forêts et les enfants, qui restaient seuls à la maison tous les jeudis, faisaient beaucoup de bêtises. Pour éviter ces sottises, ils furent canalisés. On leur fit jouer du théâtre dans un cadre organisé pour les enfants des employés de l'Office National des Forêts (ONF).

Ils ne restèrent pas longtemps dans la rue Villa Deshaye. Ils y étaient très mal logés et c'était trop exigu.

Ils déménagèrent à Bagneux. Leur nouvel appartement était plus spacieux, plus agréable, plus confortable et bien exposé au soleil, mais aussi assez loin de leur travail. Comme L. et son mari travaillaient au même ministère des eaux et forêts, ils partaient ensemble en voiture au travail.

À Bagneux, L. vécut pendant huit ans avec sa belle-mère. Elle avait du mal à accepter le fait que son mari s'enfermât tous les jours avec sa mère pour parler en patois.

La pire des souffrances est celle de ne plus pouvoir aimer.

Dans « Les Frères Karamazov » de Fiodor Mikhaïlovitch Dostoïevski (1880)

Mésentente dans le couple

Après la retraite du mari de L., leur vie à deux changea complètement. Il ne l'accompagnait plus au travail et s'absentait très souvent pour vivre sa vie de « jeune homme ».

L. devait encore travailler deux ans pour atteindre l'âge de la retraite et le déplacement en transport public, sans son mari, était long et fastidieux. L. avait exigé qu'il lui achète un studio plus proche de son lieu de travail.

Pour obtenir gain de cause, L. lui avait dit :

-   Si tu ne me l'achètes pas, j'arrêterai de travailler, je resterai avec toi et je te suivrai partout.

Dans ce petit appartement, Albert ne vécut plus souvent avec sa femme. Il disait qu'il allait... à Pompadour.

Il vint tout de même vivre un petit moment avec elle. À la suite d'une chute que L. avait faite, il était sorti seul pour faire un tiercé. En l'entendant remonter, L. avait ouvert la porte. Dans le couloir, elle vit qu'il était accompagné d'une femme et d'un homme.

L. leur offrit d'entrer chez eux. Albert lui expliqua que cette dame était venue avec ce monsieur pour visiter l'appartement d'à côté.

L. demanda à cette femme depuis quand elle connaissait son mari.

- Depuis cinq ans, répondit-elle, en se tournant vers lui, n'est-ce pas ?

Quand ils étaient repartis ensemble, L. avait remarqué que la femme portait le même costume que le sien ... L. en avait ri sous cape et lui avait dit, lorsqu'il était revenu : « C'est drôle, les femmes que tu rencontres me ressemblent ».

Quand il était parti à Brive chez sa sœur... L. avait appelé la sœur de son mari pour lui dire que dès qu'elle le verrait, elle, devait lui dire de la rappeler au plus vite, car elle avait quelque chose de très grave à lui apprendre.

Quand il la rappela, elle lui dit :

- Il ne faut pas que la dame que tu m'as présentée l'autre jour prenne cet appartement à côté de chez moi, sinon je vous tuerai à tous les deux !

… Inutile de dire que la dame concernée ne loua pas l'appartement attenant.

En effet, L. s'imaginait difficilement devoir les entendre faire l'amour à travers les fines cloisons, juste à côté d'elle.

Les liens avec son mari se distancèrent et tonton Albert disparut de plus en plus fréquemment. Il prétendait toujours aller… à Pompadour. Son leitmotiv…

L'année 1966 fut pour L. une époque très difficile d'autant plus qu'elle perdit son père cette année-là. En effet, la santé de son père s'était dégradée depuis 1964, deux ans après l'Indépendance de l'Algérie.

Heureusement, dans le cadre de son travail, elle bénéficiait des attentions bienfaisantes de ses collègues. Tous savaient que son mari la trompait et tous compatissaient.

Une fois, m'a-t-elle raconté, elle était partie à Paris pour rejoindre son époux. Quand elle voulut entrer dans l'appartement, l'entrebâilleur l'empêcha d'ouvrir la porte. Elle appela, mais le silence régnait. Elle resta devant la porte close. L. comprit alors qu'il était avec une autre femme. C'était affreux ! m'a-t-elle dit. Elle était repartie et s'était réfugiée chez les voisins, pour dormir.

Alors qu'ils étaient tous les deux à Bagneux avec leur fille Christelle, elle lui dit :

- Viens avec nous, nous allons rendre visite à tata Rosette.
- Non, lui répondit-il, je vais rester pour faire la vaisselle, allez-y toutes seules.

Gagnées par le soupçon, elles partirent toutes les deux mais, L. avait pris soin de laisser derrière elle un magnétophone en marche !

Elles étaient à peine sorties qu'il avait appelé sa maîtresse pour lui dire des mots doux…

- Comment vas-tu ? etc. Tu sais je suis resté pour faire la vaisselle et j'en profite pour t'appeler...

... Comme s'il avait besoin de lui dire qu'il était en train de faire la vaisselle... Est-ce qu'on dit des choses pareilles à sa maîtresse ? ... S'était-elle exclamée ...

Plus tard, à Pompadour, elle lui avait fait écouter cette cassette. Il avait répondu :

- Ce n'est pas moi, c'est peut-être le chef de service...
- Comment, tu ne reconnais pas ta voix ?
- Non, ce n'est pas moi...

Quand ils allaient à Pompadour et pour éviter ce genre de désaccords désagréables, il allait dormir dans la chambre d'à côté et emportait le téléphone avec lui...

L. avait bien pensé que tout était fini. Elle avait consulté un avocat. Elle le lui avait dit. Mais, lui de répondre :

- Ah tiens, je voulais le faire, tu as bien fait !

Mais, en définitive, elle avait renoncé...

La vie se poursuivait ainsi, chacun de son côté avec quelques rencontres épisodiques. Il ne l'embrassait plus. Il partait tous les week-ends. Lui, avait besoin de liberté, L., elle avait besoin de chaleur humaine. Malgré tout, elle ne cessait de l'aimer et ne pouvait imaginer une séparation qui couperait leur lien à jamais.

Voici mon humble avis :

Je pense qu'à l'âge de la retraite, certains hommes sont déstabilisés. Ils retrouvent l'ardeur de leurs vingt ans lorsqu'ils se lancent dans une nouvelle aventure avec une jeune femme. Ils sentent alors leur corps rajeunir. En choisissant une nouvelle histoire plutôt qu'en apprenant à redécouvrir et à séduire de nouveau leur épouse de longue date, ils optent pour la facilité. C'est ce qu'on appelle « Le démon de Midi ».

Est- ce, ce qui lui est arrivé ?

À Pompadour, son fils Luc s'était fâché contre lui en l'accusant d'être la cause du cancer du sein de sa mère…

Ce fut une bien triste période… pleine d'incompréhensions.

Après réflexion, L. se dit qu'elle a beaucoup trop aimé ses enfants, plus que tout au monde. Qu'elle leur a donné le maximum de ce qu'elle pouvait donner, et qu'elle s'est sacrifiée aux dépends de son mari… Son mari le lui a beaucoup reproché. Il lui avait même dit que si « L. n'avait pas eu d'enfants, elle aurait été la femme la plus heureuse du monde ».

Pourtant, les enfants étaient aussi ses propres enfants !

Qui affronte la maladie, seul
connaît le prix de la vie.

Proverbe danois

Problèmes de santé

Les maladies de ma tante

En 1976, alors qu'ils sortaient de chez tata Rosette où ils avaient soupé, une voiture les emboutit et les projeta contre un mur. La tête de L. avait si fortement frappé contre le battant de la fenêtre de la voiture qu'elle eut une commotion cérébrale et resta deux heures dans un coma profond. Cet accident nécessita un mois d'hospitalisation et encore d'autres mois de convalescence pour des maux de dos. De l'accident, L. se souvient à peine. L. se revoit allongée sur le sol avec une sensation de pluie sur le visage… et puis plus rien…

Pourtant, L. avait béni le fait d'avoir été à cette place dans la voiture. C'était une chance que, pour la première fois, sa fille Christelle lui eut demandé de prendre sa place à l'avant de la voiture …

135

Sa fille avait été épargnée, et pour L. c'était l'essentiel !

Dix ans plus tard, en 1986, alors que L. avait 63 ans, on lui diagnostiqua un cancer du sein gauche.

Pendant le traitement, son mari resta avec elle. Il l'amenait faire les rayons X et il suivait avec elle les traitements médicaux. Il vint même avec elle à Genève pour obtenir un avis supplémentaire. A mon cabinet, j'avais palpé la tumeur. Elle était grosse comme une pièce de monnaie de deux francs. À Paris, elle fut soignée, on ne peut mieux. Son moral fut toujours positif. Elle s'en sortit bien ou si l'on veut, pas si mal puisqu'elle survécut. Seulement, cela ne se fit pas sans dommages si l'on pense aux effets secondaires des brûlures sur la peau et les poumons occasionnées par les rayons X, et l'effet d'un gros bras après le curetage ganglionnaire. L. souffrit pratiquement en permanence sans se plaindre. On lui fit des massages lymphatiques.

Après le cancer du sein, voilà que le 6 février 1991 elle dut subir une opération de la vésicule biliaire par cœlioscopie. Apparemment, l'opération se passa bien, sans séquelles.

En 2000, parce qu'elle se plaignait de vertiges, on lui diagnostiqua une sténose de la carotide. Les examens pratiqués parlaient d'une sténose de la carotide à quatre-vingt-dix pour cent. Une opération en urgence fut programmée. C'est une grave opération. L. se rendit à l'hôpital avec beaucoup d'appréhension. Mais, son fils Luc qui l'accompagnait, demanda le compte rendu du dossier médical à l'infirmière. Il s'aperçut que la carotide n'est bouchée qu'à soixante pour cent. Il voulut parler au médecin. Celui-ci lui dit qu'il devait consulter un autre collègue. Quand il revint, il lui annonça que l'opération n'était pas nécessaire alors qu'elle était déjà inscrite au programme du bloc opératoire. On put l'annuler ! Luc ramena sa mère chez elle, en pestant contre le corps médical. Ce fut tout de même un grand soulagement !

Après, elle continua à faire des chutes qui provoquaient à chaque fois des fractures vertébrales … avec leurs chapelets de douleurs.

A Dax, alors que L. se trouve sur la table de massage, le kinésithérapeute la fait tomber. Dany, sa belle-fille s'occupe de l'emmener à l'hôpital. Aux urgences, elle explique ce qu'il est arrivé. L'infirmière répète alors :

« Cette dame est tombée de « la table de repassage ! » Malgré ses douleurs, ma petite tante et Dany éclatent de rire …

En avril 2003, à cause d'une angine de poitrine, L. subit une intervention aux coronaires. On lui pose des stents. Ce sont, m'explique-t-elle, des petits ressorts, des petites prothèses internes servant à maintenir un vaisseau ouvert. L. est bien au courant de tout. Elle s'intéresse et veut comprendre.

Peu de temps après, encore en 2003, on lui diagnostique un autre cancer, sur le même sein gauche. On lui propose de n'enlever que la tumeur. L. refuse et dit : « Ma fille vient d'avoir une ablation du sein, enlevez-le-moi, par solidarité avec elle. » L'opération se fait : ablation du sein gauche !

Je ne veux pas y croire ! Ce ne peut être que le sacrifice d'une mère pour son enfant. L. est aimante, malgré son cœur cassé. Il me semble que ses problèmes de santé sont là pour sauver son âme. Ma petite tante est une sainte !

Au mois d'Août 2010, on lui pose un deuxième stent, car elle vient de faire un infarctus !

En mai, 2011 L. se fracture le poignet droit et fait une allergie aux antibiotiques.

En février 2012, on doit l'hospitaliser pour une pneumopathie.

En septembre 2012, L. fait des crises de gouttes, lesquelles se renouvèlent fréquemment.

En 2013, L. souffre encore d'une pneumonie…

En 2016, L. se fracture le fémur droit…

Depuis, L. souffre de problèmes digestifs et se plaint, en outre, de l'épaule... et elle a toujours froid…

On constate, par cette énumération, que L. a accumulé une panoplie de maladies et pas des moindres. Pratiquement toutes létales et elle est toujours là ! Combien de coups de pieds du ciel a-t-elle reçus dans sa vie ?

Mais, malgré tous les problèmes de santé énumérés ci-avant, toutes ses capacités mentales restent heureusement encore bonnes et sa voix reste étrangement jeune !

Depuis, tous les jours, elle se plaint de nouveaux ennuis techniques qui lui arrivent chez elle et qu'elle ne peut maîtriser toute seule. Le fait de déranger son entourage la perturbe beaucoup. Christian, son gendre, est souvent venu la soulager de maux douloureux. Elle reconnait son efficacité, mais elle était gênée de lui faire faire des déplacements et par là, de causer une fatigue supplémentaire... Puis, c'est le chauffe-eau qui ne fonctionne plus. Le frère de Dany doit venir réparer. Une autre fois, c'est le radiateur qui tombe en panne. Dany et son fils doivent aller lui en acheter un autre... Une autre fois encore, c'est Patrick qui doit venir..., ou parfois c'est Christelle qui doit laver du linge... ou l'aider à s'habiller à cause d'un ennui à l'épaule... ou bien lui faire des commissions... L. est désolée. L. est consciente de tout. L. pense qu'elle ne peut plus continuer... Tout est trop lourd à gérer... Elle se demande comment cela se fait qu'elle n'ait pas encore fait un AVC... C'est trop dur... L. me raconte tout cela et puis, elle me dit : « Revenons à notre livre ... »

Depuis ces événements, L. vit un peu plus au ralenti, c'est vrai, mais les jours s'écoulent. Je l'entends toujours un peu plus essoufflée quand elle se déplace pour venir au téléphone. L. ne se plaint jamais. Elle est admirable !

Lors d'un appel, ses premières paroles sont toujours pour demander des nouvelles de son interlocuteur. Quand on lui demande

- Comment vas-tu aujourd'hui ?

Elle répond invariablement :

- Toujours la même chose. Comment veux-tu que j'aille ? Parle-moi plutôt de toi... Ou bien, as-tu des nouvelles de tes enfants ?

Il lui arrive de dire qu'elle en a assez de vivre. Je dois juste la rassurer et lui faire bien comprendre qu'elle nous est très utile à tous. Qu'elle est le point de rassemblement de la famille. Que ses conseils pleins de sagesse et de logique peuvent nous rendre encore bien des services.

Par mes écrits au sujet du récit de sa vie, je la tiens en haleine. L. me transmet ses idées, me raconte sa vie. Elle imagine ... la couverture. L. est encore pleine de vie et d'idées.

Justement, L. me dit que la couverture pourrait ressembler à un personnage dont le corps souffre de tous les côtés. L. se voit transpercée par des aiguilles de la tête aux pieds. Depuis sa maladie, son drame à quinze ans, elle a toujours eu mal dans la colonne vertébrale malgré qu'elle soit restée neuf mois dans une coque de plâtre. L. sait que ces douleurs de dos ne la quitteront jamais. Elle n'a plus qu'un sein, elle souffre de son bras à l'aisselle curetée, de ses épaules. Ses os sont ostéoporotiques, ses multiples fractures la font toujours souffrir. Ses poumons sont fragiles depuis sa naissance et les rayons X pour ses cancers du sein gauche n'ont rien arrangé... L. veut montrer ce corps sur la couverture. Ce corps qui l'a toujours fait souffrir, mais en même temps, elle veut montrer que sa force mentale lui a fait surmonter ces épreuves. Après, L. pense plutôt à une couverture d'elle-même avec ses trois enfants. Elle attribue cette force à l'amour qu'elle leur a porté. Si L. pense à cette représentation, à La Frida Kahlo[6], qu'elle a vraiment imaginé toute seule, elle voudrait lui rajouter des

---

[6] Artiste peintre mexicaine et épouse de Diego Rivera. Souffrante de poliomyélite depuis l'âge de six ans, puis victime d'un grave accident de bus, elle subira de nombreuses interventions chirurgicales. Sa peinture « Broken Column » représente ce grand traumatisme.

fleurs, belles et odorantes qui représenteraient ses enfants autour d'elle, ceux qui lui ont donné la force de survivre...

Je lui redonne envie de vivre parce que L. a un but. Elle est écoutée. Elle veut communiquer sa vie à ses enfants... L. veut tout dire pour qu'ils la connaissent au mieux.

Elle insiste pour que je dise bien qu'elle a aimé ses enfants de tout son cœur, plus qu'une mère n'aurait pu aimer. Elle s'est sacrifiée pour eux. Elle le répète. L. dit : « J'ai été crucifiée à chaque fois que mes enfants ont rencontré des problèmes comme le divorce de Luc, les enfants d'Andrée et pour Christelle, ses problèmes de seins et... »

Ce sont ses paroles.

C'est L. qui a eu l'idée du titre : « Le coup de pied du ciel... » car, ironise-t-elle, malgré tout ce que j'ai eu dans ma vie, je suis toujours en vie !

En 1972, son mari vivait seul à Paris dans l'appartement. Quand il revenait à Toulouse les voir, il prenait le train. Andrée et sa mère allaient le chercher à la gare. Un jour, il revint en claudicant, puis un peu plus tard, il eut des pertes d'équilibre puis, il arriva avec une canne puis, deux.

Ma petite tante lui dit alors : « Tu ne peux plus rester seul. Reste ici ».

Il ne se le fit pas dire deux fois.

C'est ainsi qu'il revint à Castanet-Tolosan vivre chez sa femme.

Deux ou trois fois, ils retournèrent ensemble dans l'appartement à Paris.

Elle commandait à l'avance une chaise roulante et une aide pour l'aller et le retour en train. Plus tard, ils prenaient un taxi. Ces déplacements ne purent pas se prolonger pendant longtemps.

A partir de là, son état de santé s'est continuellement péjoré. Il est resté sept ans dans un fauteuil roulant !

L. a fait venir des médecins, des guérisseurs, des kinésithérapeutes et puis, il a eu des difficultés à parler. L. a fait venir une orthophoniste. Mais tout cela ne servait à rien, son état s'aggravait au point qu'il ne pouvait plus parler, ni manger seul. L. le nourrissait à la cuillère. A la fin, il ne pouvait même plus avaler. Tous ses muscles s'atrophiaient alors que sa conscience et son raisonnement restaient intacts. Il était comme emprisonné dans son corps…

Mon petit grain de sable personnel :

J'ai cherché à comprendre, car comprendre aide à mieux accepter.

Cette évolution m'a fait penser, parce que je suis médecin, à la maladie de Charcot, (SAL) une maladie dégénérative, invalidante, malheureusement incurable. Je pense à cela car il faut savoir qu'après tant d'années en Indochine, son système immunitaire, surtout lors de son deuxième séjour quand il est revenu si épuisé, avait pu s'amoindrir. Il est fort possible qu'il ait développé une maladie auto-immune. Je dis cela, sans prétendre dire le vrai. Mais, j'imagine qu'un diagnostic peut aider, oui, à comprendre et à apaiser les générations futures.

On ne peut lutter contre l'impossible. Ma petite tante a fait ce qu'elle a pu, la guerre a des conséquences terribles, même et surtout, de longues années après sa fin...

Tonton Albert est mort le 17 novembre 1999 dans leur chambre à coucher. Il avait un lit médicalisé. L. dormait sur un lit à côté de lui.

Vers les treize heures, L. s'était assoupie quand Luc, Dany, Andrée et Gaëlle entrèrent. Ils s'aperçurent qu'il était en train de râler... Il se mourrait ! Il est mort !

Il est mort entouré des siens.

A son enterrement, L. lui a écrit une lettre émouvante que je joins :

A mon mari,

Cette fois, tu m'as quittée pour l'Eternité

Mais sois gentil

Donne-moi la main

Entrelace tes doigts avec les miens

Comme nous aimions le faire quelquefois

C'est une moitié de moi qui s'échappe

Ce 17 novembre je me sens amputée.

Merci de m'avoir donné le droit de m'occuper de toi durant ces derniers jours, les plus durs pour nous, où ta vie s'échappait goutte-à-goutte comme lorsqu'enfant en rêvant, je laissais couler le sable entre mes mains.

Pour le Pire et le Meilleur, nous avons fait une longue route.

Tu m'as laissé les plus riches Trésors que tu pouvais m'offrir même si tu aurais aimé être le seul dans mon cœur et dans ma vie. Mais tu les as chéris en faisant beaucoup de sacrifices pour eux.

Désormais mes nuits seront cruelles

Comme lorsque tu étais avec « elles ».

Je sais que tu as bien regretté

Mais dans le fond tu as bien fait

Puisqu'ensuite ta souffrance morale

T'a largement gracié.

Mais moi aussi, je l'ai vécu.

Tu es parti comme d'habitude devant, sans doute pour me montrer le chemin et m'enlever les broussailles, mais je sais que tu m'attendras, pas trop tôt, s'il te plaît, pour les enfants.

Voici plusieurs années dans un rêve, tu me donnais la main pour traverser une rivière d'eau claire et tu me faisais sauter de pierre en pierre.

Cette nuit, j'aurai voulu que le monde entier sache que tu avais quitté cette terre.

Parmi les chênes qui t'ont vu naître, tu étais le nôtre.

Tu nous as aguerri et protégé de tes branches pleines de vitalités.

Tu étais notre force par ton énergie, ta volonté, ta persévérance et ton ambition que nous avions quelquefois du mal à suivre.

Tu as fait de moi une femme accomplie.

Tu as su composer une famille unie, respectueuse.

Sache que nous t'en remercions.

Malgré ses souffrances morales et physiques, on se rend compte que L. est capable encore de passion et de pardon.

Sur sa tombe, elle a trouvé des fleurs... d'une personne anonyme... mais après réflexion :

L. reconnaît qu'il a eu plusieurs maîtresses, mais il ne les a jamais privés d'argent ni elle, ni ses enfants.

Il a fait fructifier ses avoirs pour laisser à chacun un terrain afin de les rassembler. Il a permis qu'elle puisse avoir ses enfants autour d'elle dans son propre chez elle.

Actuellement, elle vit bien, grâce à leurs efforts à tous deux, mais, lui, avait su bien gérer.

La philosophie de L.

Ma petite tante tout au long de sa vie a été influencée par les idées de M. et Mme Ferrier.

Nous avons appris à connaître ce couple qui avait perdu leur fille unique à l'âge de douze ans. Pour survivre, ils avaient tissé une philosophie pour traverser la vie et ce, avec un espoir malgré tout. Cette philosophie plût à ma tante. Elle en fut imprégnée et elle s'en inspira à son tour. Ce qui est louable, c'est qu'elle essaie, encore à son âge, de nous la transmettre.

L. croit en la réincarnation. Mais, me dit- elle : « On revient sur terre pour se bonifier ». C'est comme à l'école, ajoute-t-elle : « Si tu travailles bien, alors tu montes d'une classe ». Elle me dit aussi : « C'est comme quand on gravit une montagne. On s'écorche les pieds, mais quand on arrive, alors on est content ».

Tout va bien si l'on passe toute sa vie dans les difficultés et que l'on sait les accepter sans se plaindre. On se bonifie et on n'aura pas besoin de se réincarner. Il peut arriver que pour en être là, il faille passer par plusieurs vies. L. ne sait pas à la combientième vie, elle en est. Mais, elle dit : « J'ai la preuve que j'ai eu d'autres vies antérieures ». Elle me reparle alors du « Château de Peyrac » entrevu pendant son coma. L. a toujours essayé de se conduire au mieux, de supporter sans colère, mais… il y a un **mais**…L. n'est pas parfaite, bien qu'elle ait eu une vie d'amour et de souffrances. Oui, L. a été aimante malgré son cœur et son corps cassés. Ses douleurs ont été son âme. Mais curieusement, … L. n'aime pas les Noirs ! Elle ne peut se corriger ! Probablement me dit-elle, qu'elle reviendra dans une personne noire… Il faut passer par là.

Je lui dis : « Tu es raciste ! »

Oui, me répond-elle, on peut me reprocher cela, mais je ne peux rien y faire. Dans une autre vie, je devrai corriger ce trait-là !

Il faut corriger ses travers sinon on risque de le payer très cher.

Son mari étant souvent ironique et désagréable avec la famille, L. lui disait : « Toi, tu as raté une réincarnation car tu n'as rien corrigé de ton caractère. »

L. a admis que durant les sept ans de maladie de son mari, il avait gagné le ciel en ne se plaignant jamais. C'est dans une grande dignité qu'il est décédé et, il n'aura pas, grâce à cela, besoin de revenir sur terre...

Son dernier regard a été pour la photo de marié accrochée au mur à côté de lui...

L. me dit encore : « J'ai aimé la vie malgré mon corps cassé et mes douleurs. Maintenant il reste un peu de moi dans mes enfants. La vie avance, le temps vole. Il me reste encore de l'amour à donner jusqu'à mon dernier souffle ».

M. et Mme Ferrier lui ont appris à transformer la mort en vie ! Qu'il faut savoir passer par le mal et le vaincre dignement pour ne pas revenir sur cette terre.

L. a compris :

- Qu'après la mort, il y a la renaissance et c'est ainsi...que la vie continue...

L. réfléchit et me dit encore :

- Que les souffrances et la solitude se noient dans la mer de l'âge...

Je souligne l'immense humanité de ma petite tante et sa fibre visionnaire. C'est une femme intègre et de conviction. L. a beaucoup œuvré, certes pour ses enfants, mais aussi pour ses neveux et nièces. Sa disparition sera pour nous tous une perte incommensurable. Elle nous laissera un legs inestimable au milieu de notre famille.

PAR CETTE PRIÈRE, L. NOUS LANCE ENCORE UN MESSAGE :

Ton devoir est auprès d'eux sans faillir

Il faut accomplir la tâche que tu as choisie

En venant sur terre

Où le bonheur tel que nous le voudrions n'existe pas

Ecoute ta conscience,

C'est elle qui te montre le chemin à suivre

Ecoute-la, c'est elle qui te montrera le chemin à suivre,

Ecoute-la aveuglément,

C'est Dieu qui la placée en chacun de nous

Pour nous guider dans l'obscurité

Dans laquelle péniblement nous avançons

Elle t'enseignera à être bonne et charitable

Elle te demandera parfois des sacrifices

Qui te paraîtrons très durs

Accepte-les avec résignation et courage

(Dieu ne nous donne que des épreuves

Proportionnées à notre force.)

Va toujours de l'avant,

Suis le chemin qu'elle te trace

Elle n'a qu'un but

Atteindre la perfection, la beauté de ton âme.

Qui seule compte au regard de Dieu

Et dans son infinie

Bonté

Dieu a mis à notre disposition une arme

« La Prière »

Prie petite sœur, prie de toute ton âme

Et ta peine sera soulagée.

Le plus beau souvenir évoqué par chacun de ses enfants.

DE LUC

… C'est quand je discutais avec elle de la vie…

Je lui racontais tout…

J'étais très jeune et découvrant toutes ses qualités de maman et d'épouse, je lui ai écrit un mot car, c'est bien connu, « Tous les écrits restent. » et pour bien ré-entériner ma décision, j'ai écrit :

« JE VEUX QUE CELA SOIT MA MAMAN QUI CHOISSISSE MA FEMME. »

Quelle confiance !

Je me souviens de sa réponse :

« Tu changeras d'avis un jour. »

Réponse de ma part :

« JAMAIS ! C'EST UN SERMENT ! »

D'ANDRÉE

… C'est pendant notre voyage à la Martinique, pendant une semaine. Pendant laquelle, je me suis sentie une femme à côté d'elle et pas seulement sa fille.

Nous avons partagé de bons moments, notre relation était différente et du coup, cela a laissé place à d'autres échanges que les simples échanges mère-fille…

DE CHRISTELLE

En 1975, « année de la femme » nous avons fait une croisière, maman et moi, autour de la Méditerranée. Ce fut pour nous deux des vacances vraiment inoubliables… Nous étions enchantées de partir à la découverte de nouveaux horizons et de découvrir des régions différentes chaque jour que le bateau accostait dans un nouveau pays.

La seule ombre au programme, maman est tombée juste avant d'embarquer en allant faire une course avec papa qui nous avait accompagnées pour le départ. Lorsque je l'ai vue revenir avec des marques rouges sur le visage, j'étais peinée pour elle, déçue de voir son visage ainsi marqué. Bien sûr, elle et moi, étions gênées du regard que portaient les autres passagers sur elle. Sa douleur à l'épaule l'empêchant de se mouvoir aisément, elle sollicitait mon aide pour s'habiller. Moi, du haut de mes vingt ans, n'étant pas habituée à m'occuper aussi intimement d'un parent, je rechignais un peu. Ce qui occasionnait quelques petites tensions entre nous, mais vite dissipées par la vie effervescente à bord du bateau.

L'enthousiasme des excursions nous a finalement fait occulter cette petite mésaventure.

La diversité de tous ces paysages nous transportait avec frénésie dans ces découvertes inattendues à chaque escale.

Des années plus tard, nous partageons toujours le même souvenir intact en nous remémorant toutes les deux cette croisière inoubliable.

Elle a eu trois enfants qu'elle adore. Elle a reçu en retour six petits-enfants qui lui ont donné à leur tour quatre arrière-petits-enfants... L. est comblée. Pour chacun, elle a de l'amour en réserve. Mais, comme elle a l'esprit maternel, elle se soucie pour chacun d'entre-eux. Ses ailes de mère poule se sont étalées un peu plus pour tous les protéger au maximum. L. veille.

Elle connaît chacun en particulier. Celui-ci est un intellectuel, l'un est très intelligent, très dégourdi et aime le grand air. L'autre cherche sa voie et il faut l'aider... Un tel... Tous l'adorent et son plaisir immense c'est d'être cajolée, embrassée ... Être respectée... par eux et,

... TOUT SIMPLEMENT ETRE AIMEE !

Nota Bene

… Ma petite tante m'écrivait :

« Ecrire ma vie » est un désir depuis de longues années. Comme titre ce serait, m'avais-tu dit à l'époque : « Pour le meilleur et pour le pire ». Mais ce qui m'avait toujours arrêté, c'était ce manque de confiance en moi et… l'indifférence des autres ».

Tu rajoutais :

« Toi, tu es forte, avec tellement de volonté et d'affection… C'est ton exemple qui me donnes une énorme poussée avec tellement de conviction, d'amour et d'intérêt, que je ne peux refuser de le commencer. » Et tu voulais commencer à l'écrire…

Tu voulais l'écrire, mais tu n'as pas pu, alors, tu m'as suggéré de l'écrire pour toi. Et tu as changé le titre pour celui-ci :

« Un coup de pied du ciel… ».

Je l'ai fait … sous ta seule dictée. Je suis heureuse de te l'offrir.

Je l'ai fait grâce à toute l'affection que je te porte.

Je l'ai fait comme ces poésies que je t'ai dédiées …

Celle-ci en particulier :

A toi... ces sourires

... Je veux t'offrir un sourire détendu

Car, un jour sans sourire est un jour perdu.

Le sourire déclenche un réflexe d'optimisme.

Il est un onguent de pacifisme.

Avec un sourire... le mal diminue dans l'instant

Ainsi, avec lui, règne un moment de détente

Un bon sourire a une force délirante,

Car, à qui manque le sourire, manque une aide bienséante...

... Sans moi, tu peux aussi faire venir le sourire...

Il faut penser à ceux qu'on aime

Comme si c'était un amour suprême !

Il faut penser à un endroit idyllique

Il faut écouter, dans sa tête, une belle musique.

Voir intérieurement un beau champ fleuri

Car, les fleurs sont de la terre, le sourire ébloui.

Voir un film gai, lire un beau livre,

Et remercier son corps d'avoir, jusqu'à ton âge, pu vivre

Sans emprise par le temps, presque comme une jeune fille...

Ah ! A ces mots, tu vois... ton bon sourire scintille !

Ou encore celle-ci :

À un être cher

... Fidèle à mon écoute exigeante,

Tu recevais mes secrets d'adolescente

Mon cœur entier, je te livrais,

Car de bons conseils tu me donnais.

Ainsi, mon mari fut

Car l'amour, sur tes conseils, fut conçu

Tu seras toujours dans mon cœur

Car tu n'as jamais été pour moi un leurre...

En égoïstes, nous te souhaitons encore une longue vie

Laisse-nous rajouter à cette histoire ...

« Une histoire sans fin » ...

FIN

Table de matières

Toute biographie digne d'être écrite est le récit d'une ascension.

Henry Bordeaux